비즈니스
바 이 블

국립중앙도서관 출판시도서목록(CIP)

비즈니스 바이블 = Business Bible : 나의 일에 열광하라 / 존 맥그 레이스 지음 ; 손정숙 옮김. -- 서울 : 아라크네, 2005
원서명: You Inc. 원저자명: McGrath, John ISBN 89-89903-62-9 03320 : ₩ 12000
325.04-KDC4 650.1-DDC21　　　　　　　　　　CIP2005000835

나의 일에 열광하라

비즈니스 바이블

존 맥그레이스 지음 | 손정숙 옮김

BUSINESS BIBLE

아라크네

내 이름 곁에 나란히 올라야 할 이름들이 참 많다. 나는 그들과 관계를 맺고 그들과 함께 경험하고 그들을 관찰하면서 성장해온 산물일 테니 말이다.

그들로부터 얻은 숱한 지혜와 도움말들이 나를 지지하고 이끌어주고 영감을 주었다. 많은 친구와 멘토(그리스 신화에서 오디세우스가 자기 아들의 지도를 부탁한 사람 이름에서 따온 말. 조언자, 인생 지도자의 뜻─옮긴이)와 코치가 내 인생에 선물로 주어졌다. 인생도 사업처럼 단체경기인 측면이 크다. 장시간에 걸쳐 많은 이들이 도와주고 지지해주고 용기를 북돋아주지 않으면 별다른 일이 일어날 수 없다. 내 성취에 도움을 준 이들 가운데 몇몇에게라도 고마움을 전하고 싶다.

우선, 내 얘기를 충심으로 믿어주고 책을 쓰도록 독려해준 팸 브루스터에게 감사한다. 마이클 오브라이언, 리처드 리, 마이클 채거리스 등 내가 모셨던 보스들은 혹독한 수련법으로 정도(正道)만을 걷도록 가르쳤다. 내 회계사이자 벗인 안토니 벨은 항상 우리 일이 더 나아지도록 충실히 보살피고 도와줬다. 테리 시씨언은 최고의 홍보담당이자 정보통으로 늘 적절한 긴장을 유지하게 해줬던 멋진 친구이다. 그랜트 반덴버그는 안일한 곳에 머무르려는 나를 지속적으로 채찍질했고 인생의 어려운 일들을 웃어넘길 수 있게 도와줬다. 꿈을 품고 행동할 준비가 되면 무엇을 할 수 있는지를 우리 모두에게 보여준 브레트 블런디에게도 감사한다. 마이크 서골드는 지상 최고의 비즈니스 코치였다. 있는 그대로 옳은 말만 해준 웬디 맥커디, 오스트레일리아 광고업계 최고의 크리에이티브이자 멋진 친구가 돼준 내 형제 매트 맥그레이스에게도 고마움을 전한다. 마지막으로 함께 일하는 멋진 우리 팀원들. 당신들은 날마다 내게 영감을 주었고 회사 일을 짜릿한 모험으로 만들었다.

위대해지겠다고 결심하라

이 책이 당신의 인생을 바꿔줄 거라고 생각하는가?

입에 발린 찬사를 구하는 게 아니다. 이 책에 대한 독자들의 기대가 궁금할 뿐이다. 독자들의 기대는 인생에서의 성취 수준과 큰 관련이 있다. 나는 책을 읽거나 세미나에 갈 때 반드시 인생을 개선해줄 정보나 전략을 적어도 한 가지는 얻겠노라고 다짐한다. 그러고 나면 필연적으로 그렇게 된다.

영화 「슬라이딩 도어스(Sliding Doors)」는 우리가 주어진 정보에 어떻게 반응하느냐에 따라 한순간에 인생이 얼마나 극적으로 바뀔 수 있는지 잘 보여주고 있다. 이 책도 다음번 '슬라이딩 도어스'를 찾는 마음으로 읽어주길 바란다. 인생을 변화시킬 다음 정보를 찾는 마음 말이다.

현대는 사업가에겐 아주 신바람 나는 세상이다. 오늘날처럼 사업 기회가 널려 있었던 적이 없다. 과거에는 상상할 수 없었을 정도로 많은 것을 짧은 시간 안에 성취할 수 있게 됐다. 이 책이 자신이 꿈꿔온 사업을 일구려는 이들에게 촉매가 됐으면 한다. 현

재의 위치가 어디건, 완전히 새로운 수준의 사업—세계적 수준
(world-class)의 사업으로 좌표를 이동시킬 수 있다.

나는 이 책을 말하듯이 썼다. 신선한 커피 한 잔을 앞에 두고
앉아 잡담하듯 사업과 인생에 대해 관찰하고 경험한 것들을 털어
났다. 아주 세련된 책도 아니고 당의정을 입힌 듯 달콤하지도 않
다. 그저 경험 그대로이다. 짜릿하게 사업을 운영하며 날마다 생
각하고 행동한 것들이 매 페이지마다 반영돼 있다.

이 책은 4부로 나뉘어져 있다. 1부는 성공을 위한 토대로 배양
해야 할 자기신념, 습관, 태도에 대해 설명했다. 2부는 사업의 본
질적인 문제를 다루고 있다. 3부는 세계적 수준의 기업문화와 리
더십을 창출하는 법을 알려줄 것이다. 4부에서는 세일즈와 마케
팅을 포괄했다. 어떻게 하면 보다 나은 세일즈맨이 될 수 있는지
최선의 조언을 담았다.

이 책에는 장기적으로 성공에 도움이 될 주요 개념과 핵심적인
가르침뿐만 아니라, 당장 사업에 응용할 수 있는 여러 가지 단상
들도 담겨 있다. 기본 개념을 파악한 뒤 이를 행동으로 옮기고 추
진력을 확보하기만 하면 된다.

독자들이 내 제안을 받아들여 자기 식으로 활용하길 바란다.
사람은 천차만별이다. 오랜 기간을 두고 진화돼온 보편원칙과 공
통분모가 영향을 미치는가 하면, 자기 개성과 스타일대로 성공적
인 사업가가 될 수도 있다.

나는 독자들이 자주 들여다보길 바라며 각종 전략, 전술, 통찰

등을 여기에 실었다. 페이지를 넘길 때마다 자문해보기 바란다. "어떻게 하면 이것을 당장 내 인생에 적용할 수 있을까?" 그리고 행동하라. 위대함이란 선택된 소수에게만 물림되는 유산이 아니다. 모두에게 가능한 것, 한 번에 한 걸음씩 학습하고 적용할 수 있는 것이다. 이상적인 사업과 이상적인 인생을 디자인하라. 그리고 그것이 늘 진보하는 걸작이 되도록 하라.

독자들이 이 책을 얼마나 향유할지 정말 궁금하다. 부디, 여기에 실린 아이디어들을 각자의 사업에 이용해보길 바란다. 그 아이디어들 덕분에 오늘 무슨 일인가를 한다면 말이다.

카르페 디엠(Carpe Diem!) 현재를 즐기자!

CONTENTS

제1부 성공을 꿈꿔라

1 | 누구나 성공할 수 있다 ··· 15

2 | 성취 목표를 세워라 ··· 31

3 | 목적지까지 가는 데 필요한 것들 ··· 45

4 | 사업의 기초는 체력 ··· 71

제 4 부   고객을 감동시켜라

제 1 부

성공을 꿈꿔라

당신은 정말로 성공하고 싶은가? 성공할 자격이 있다고 생각하는가? 성공할 수 있다고 믿는가? 이 3가지 질문 모두에 "예!"라고 대답할 수 없다면 성공할 가망성은 0이다. 성공하지 못하는 가장 큰 이유는 자신감 결여와 자기불신이다.

1
누구나 성공할 수 있다

당신은 정말로 성공하고 싶은가? 성공할 자격이 있다고 생각하는가? 성공할 수 있다고 믿는가?

이 3가지 질문 모두에 "예!"라고 대답할 수 없다면 성공할 가망성은 0이다.

성공하지 못하는 가장 큰 이유는 자신감 결여와 자기불신이다. 모든 일은 마음먹은 대로 된다. 성공하기 위해서는 할 수 있다는 강한 신념과 긍정적인 사고방식을 가져야 한다. 나는 이 책에서 그 방법들을 알려줄 것이다.

그 전에 먼저 '성공이란 무엇인가?'부터 살펴보자.

+ 우리에게 '성공'이란 무엇인가 +

'성공이란 바로 이것이다 - 인생을 원하는 대로 살 수 있게 해주는 것.'
—크리스토퍼 몰리

성공을 향해 출발하기에 앞서 '성공이란 무엇인가'부터 정의해야 한다. 당신에게 성공이란 무엇인가. 리처드 브랜슨(영국 버진 그룹 회장. 영국에서 가장 젊은 나이에 억만장자가 된 인물로 꼽힌다.—옮긴이)의 성공이나 부모나 친구의 성공과 똑같은 것을 탐하는 건 좋지 않다. 사람들마다 욕구, 가치관, 성공에 대한 정의가 모두 다르기 때문이다.

잠시만 멈추어 보자. 그리고 나는 성공에 대해 어떻게 정의하는지 들여다보자. 아침에 눈뜰 때마다 목표도 없이 스스로를 분발시키기란 쉽지 않다. 내가 생각하는 성공이란 무엇인지부터 확실하게 아는 것이 중요하다.

나의 경우 성공이란 삶의 여러 부분에서 골고루 만족을 느끼는 것이다. 우선 건강이 중요하다. 나는 늘 건강하게 살려고 애쓴다. 건강 없이는 아무것도 할 수 없다. 그 다음으로는 좋은 인간관계다. 배우자, 가족, 친구들과의 친밀하고 행복한 인간관계는 인생 최대의 선물이다. 믿을 수 있는 사람들과 정기적으로 교분을 쌓으며 살아갈 수 있다면 그 또한 성공한 인생이라고 생각한다.

'자기계발'도 성공의 아주 중요한 구성요소다. 나는 사람이란 '배우는 존재'라고 생각한다. 우리는 평생 배우고 성장하기 위해 존재한다. 배움의 여정이란 삶의 가장 주요한 한 부분이다. 지적 성장뿐만 아니라 영적 계발도 소중하다. 영적이라고 해서 꼭 종교적일 필요는 없다. 이웃과 인류에 대한 사랑, 연민, 배려 등을 키워나가는 것은 아주 가치 있는 일이다.

'사회 공헌'도 성공의 필수적 구성요소라고 생각한다. 지역사회와 인류에 공헌하는 삶이야말로 성공이다. 공헌이라고 해서 꼭 대단한 것만은 아니다. 글렌모어 로드 공립학교 5학년생들에게 연설하는 것부터 사업을 벌여 많은 직원들이 경력을 쌓고 가족을 부양할 수 있도록 해주는 것까지 모두 공헌이 될 수 있다.

마지막으로 경제적 성공이 있다. 경제적 성공이란 무조건 더 많은 돈을 번다는 게 아니라 돈으로부터 자유로워지는 것을 말한다. 100억 원 부자가 10억 원 부자보다 반드시 더 성공한 것이라고는 보지 않는다. 하지만 우리의 인생에서 재정적인 안정을 확보하는 것은 아주 중요하다. 매번 다음달 집세를 걱정하며 살아갈 순 없다.

+ 성공 온도계를 상향조절하라 +

중앙난방장치나 에어컨에 내장된 자동온도조절장치를 다들 잘 알고 있을 것이다. 원하는 온도에 맞춰두면 바깥 기온이 오르락내리락해도 자동온도조절장치가 알아서 실내 온도를 유지시켜 준다.

의식하지 못하는 이들이 많겠지만 사람은 누구나 자기 안에 성공 자동온도조절장치를 지니고 있다. 이것은 성공에 대한 각자의 기대 수준과 연관된다. 대부분의 사람들은 자신이 성공온도조절장치를 갖고 있다는 것을 모른다. 그래서 성공온도조절장치의 세팅을 다시 할 수 있다는 사실도 깨닫지 못한다. 많은 사람들이 초기에 지정돼 있는 세팅값에 그대로 머물러 있다. 초기 세팅값은 보통 어린 시절의 환경이나 당시 또래 집단의 기대 등에 따라 결정되기 십상이다.

성공온도조절장치 역시 자신이 원하는 수준으로 맞출 수 있다는 것을 깨닫는 게 중요하다.

지금 우리의 성공온도조절장치는 몇 도인가? 그걸 알려면 먼저 우리 삶의 중요한 영역들에 대해 짚어봐야 한다. 인간관계, 건강, 자기계발, 경력, 재정적인 문제까지. 당신은 이런 영역들에서 스스로에게 무엇을 기대하는가? 사랑하는 사람들과 깊고도 풍성한 관계를 맺고 싶은가? 100세가 될 때까지 문제없이 건강하게 살 수 있다고 보는가? 현재의 상황이 어떻든 간에 향후 5년

이내에는 독립적으로 부를 축적해 재정적 압박에서 벗어날 수 있을 거라고 생각하는가?

이 질문들에 어떤 답을 하느냐에 따라 성공온도조절장치가 어느 수준에 맞춰져 있는지를 알 수 있다. 만약 성공온도조절장치가 낮다면 기회가 찾아와도 스스로 자신을 방해하는 바람에 그 상황에서 얻을 수 있는 최대한을 뽑아내지 못한다.

나는 재능 있는 영업사원들이 이런 식으로 자기 능력을 과소평가하다 실패하는 것을 숱하게 봐왔다. 영업 시작 첫 주엔 판매목표를 거뜬히 달성하며 놀랍도록 멋지게 출발한다. 하지만 그들은 이런 실적을 스스로가 달성해냈다는 데 회의를 품는다. 그들의 성공온도조절장치는 그런 회의와 의혹에 곧 장단을 맞추기 시작한다. '이번 달에 이렇게 출발이 좋은 것은 요행일 거야…… 곧 고전하며 벽에 부딪히겠지…… 최근에 받은 주문 몇 개는 취소될지도 몰라…….' 등등 말이다.

요점은 간단하다. 누구든 기대하는 만큼만 성취할 수 있다는 것이다. 더 나은 실적을 바란다면 성공온도조절장치를 다시 세팅해 비등점까지 끌어올려라. 스스로에 대한 기대 수준을 두드러지게 높여야 한다.

사업에 성공하기에는 나이가 너무 많다고 생각하는 이들이 있다. 그런가 하면 너무 어려서 안 될 거라는 이들도 있다. 어느 쪽이든 그렇게 믿기로 작정한 이들에겐 그게 곧 그들의 현실이 된다. 아주 젊거나 나이가 지긋해서 성공한 이들의 사례를 찾아보는 건 매우 생산적인 일이다. KFC(켄터키 프라이드 치킨) 창업자 커넬 샌더스는 65세 때 맛의 비결을 개발해냈다. 빌 게이츠는 20세 때 대학 캠퍼스에서 컴퓨터를 조립해 팔며 사업에 뛰어들었다. 스스로 구애되지 않는다면 나이는 숫자에 불과하다.

＋ 남이 해낸 일은 나도 해낸다 ＋

내 비즈니스 코치인 마이클 셔골드가 오래 전 들려준 말이 있다. "남이 해낸 일은 나도 해낸다." 내가 깜짝 놀라 물었다. "세상에나! 그러니까 거대한 제국이며, 부(富)며, 판매기록이며 할 것 없이 남이 이룬 대로 우리도 똑같이 해낼 수 있다는 얘기입니까?" 마이클이 대답했다. "바로 그거야. 방법만 다를 뿐이야."

나는 실적이 실망스러울 때마다 그 말을 떠올렸다. 그러면서 계속 머릿속으로 되뇌었다. 남이 할 수 있으면 나도 할 수 있다고. 문제는 올바른 접근법을 찾는 일뿐이라고.

그러니 독자들도 누군가 정말 뛰어난 일을 성취했다는 소식을 들었을 때 "도대체 어떻게 그런 일이 가능했을까!" 감탄만 하고 있지 말기를 바란다. 차라리 자신에게 질문을 던져보라. "그런 일이 내게도 일어나려면 어떻게 해야 할까, 무엇을 변화시켜야 할까?"

나는 바로 그런 방식으로 사업을 키워나갔다. 내 목표는 세계 최고의 부동산 회사를 세우는 것이었다. 그래서 나는 곧 부동산 업계를 선도하던 이들에 대해 조사했다. 지역이 아닌 전 세계를 대상으로 했다. 그들의 회사를 직접 방문해 운영자들을 만나고 일하는 것을 관찰했다.

그런 다음에는 거기서 얻은 걸 토대로 구상하고 적용했다. 어떤 단계에서도 내가 과연 세계적인 회사를 세울 수 있을까를 의심하지 않았다. 한 번도 불확실성을 염두에 두지 않았다. 기존의 것을 어떻게 개선할까, 언제 시작할까만을 고민했다.

성과 향상시키기

다음은 성과 향상을 위한 5가지 비결이다.
1. 타인의 성공 사례를 연구하라.
2. 인생에서 혼란과 분노를 제거하라.
3. 날마다 개선해야 할 점들을 찾아내라.
4. 긍정적인 자세로 변화를 수용하라.
5. 일주일 단위로 스스로의 활동과 성과를 관찰하고 분석하라.

✛ 성공을 꿈꾸는 이에게 기회는 널려 있다 ✛

인생에서나 사업에서나 여유로운 마음을 갖는 게 중요하다. 여유로운 마음으로 세상을 보면 사업할 기회는 널려 있다. 한 사업이 성공했다고 해서 다른 사업이 피해를 보는 건 아니다.

그런데도 많은 사업가들이 악전고투하고 있다. 내 예상으로 그들의 80%가량은 어느 정도로든 힘들게 지내는 듯하다. 그들은 안전지대로 도피해 현재와 미래에 대한 걱정만 늘어놓고 있든지, 아니면 곧 파산하고 말 것이다.

그들에게 기대만큼 왜 실적이 나오지 않느냐고 묻는다면 분명 구구한 변명들을 늘어놓을 것이다. 높은 이자율, 경쟁 기업의 가격할인정책, 나쁜 경제 상황 등등. 물론 그런 것들이 커다란 도전으로 느껴질 수도 있다. 하지만 어떤 이들은 똑같은 악조건에서도 사업을 번창시킨다는 걸 기억하라.

사업 성패의 기본은 사업을 이끄는 자의 신념과 태도다. 믿는 대로 이뤄지는 법이다. 그러니 긍정적인 마음과 굳은 신념으로 일하는 것이야말로 긍정적인 실적을 내기 위한 첫걸음이라 하겠다.

여유로운 마음을 가지면—내가 그렇게 살기로 한 것처럼—이상적이지 못한 환경에서도 숨은 기회를 포착할 수 있다. 결국 어떤 상황에서든 최선의 결과를 얻게 된다.

막 사업을 시작한 이들에게는 사업의 90%가 개업 5년 이내에 망한다는 사실이 무척이나 당혹스러울 것이다. 하지만 나라면 성공한 10%에 초점을 맞추겠다. 어떤 방법과 철학으로 접근하면 그처럼 번창할 수 있을까를 질문하며 그 요인을 규명해내 사업에 적용하겠다.

사업이 성장하려면 사업하는 이부터 성장해야 한다. 너무 당연한 말처럼 들릴지 모르겠다. 하지만 의외로 이런 자세를 갖고 사업에 임하는 이들은 흔치 않다. 모든 변명일랑 집어치우고 그간 어떻게 해서 지금의 사업 환경을 만들었는지 돌아볼 필요가 있다. 형편없는 실적을 자기 책임으로 받아들이는 이들은 많지 않다.

하지만 자기 책임으로 받아들이고 반성한다면 더 나은 단계로 성장할 수 있는 힘을 쥐게 되는 셈이다.

추진력과 노력을 뒷받침해줄 만한 요인을 찾아보라. 내 지침 가운데 하나는 어떤 상황에서든 좋으면 좋은 대로 나쁘면 나쁜 대로 얻을 게 있다는 것이다. 우리는 그 기회를 찾아내기만 하면 된다. 하지만 다들 일어난 일에만 사로잡혀 후퇴니 재앙이니 단언하기에 급급하다. 그러지 말고 이번엔 기회가 어디 감춰져 있는가를 질문하는 편이 낫다.

인생에 사건과 사고들이 많은 것처럼 사업에도 끊임없는 변화와 도전이 따르게 마련이다. 새로운 사업이 출현하고, 경쟁사가 가격을 인하하고, 핵심인재가 경쟁업체로 가고 법령이 바뀐다. 스스로 통제할 수 있는 문제에만 초점을 맞춰라. 쓸잘 데 없는 일들에 기력을 빼지 말라.

1989년, 내가 사업을 시작하자 주위 사람들은 온통 이렇게 말했다. "시장이 붕괴하고 있다. 지금 새 사업을 시작하다니 미친 거 아닌가." 하지만 나는 쇠퇴해가는 시장, 솟아오르는 이자율, 비관적인 충고들에 크게 괘념치 않기로 했다. 세계적 기업을 만들기 위해서는 어떻게 해야 하는가만 생각했다. 아침에 일어날 때마다 자문했다. 무엇을 해야 하는가, 누구를 채용해야 하는가, 전화를 어떻게 받고 고객을 어떻게 대접해야 하나.

+ 긍정적 자기 신념 갖기 +

믿는 대로 된다. 헨리 포드는 이런 말을 했다. "할 수 있다고 생각하는 사람이나 할 수 없다고 생각하는 사람 모두 자신이 옳았다는 것을 확인하게 된다." 매사 의심하고 스스로를 불신하는 사람들이 있다. 그런 이들은 정말로 억눌릴 것이다. 하지만 이런 사람들도 사고방식을 바꾸려고 노력하면 스스로에 대해 보다 긍정적인 생각을 갖게 된다.

부정적, 회의적, 냉소적인 말들을 하고 있지는 않은지 스스로 잘 살펴보라. 만약 그렇다면 독백이나 대화에서 하나하나씩 없애도록 노력하라. 잘 안 풀리는 일에 신경 쓰지 말고 잘돼가는 일, 긍정적인 일들에 초점을 맞추라. 위대한 사람들의 이야기에서 영감을 얻으라. 뛰어난 성과를 올린 사람들의 이야기에서는 '이런 것까지 가능하구나.' 하는 매우 긍정적인 에너지를 얻을 수 있다.

나는 신념 체계를 바꾸는 방법 가운데 하나로 걸출한 사람들을 꾸준히 찾아 관찰했다. 단지 내 분야뿐만 아니라 어디에서든.

＋ 실적을 빨리 올릴 수 있다 ＋

인생이란 승부처나 사업에서 실적이 썩 좋지 않다고 하자. 대부분 이런 상황을 개선하는 데 얼마나 오래 걸릴까부터 걱정하게 된다. 하지만 자신의 처지를 개선하는 데는 생각보다 굉장히 짧은 시간이 걸린다는 게 내 지론이다. 급격한 변화는 가능할 뿐 아니라 주위 모든 이들에게 이롭기도 하다.

길고 고단한 변화의 과정은 실제로 별 효력이 없다. 사람들은 지루해져서 옛날 습성으로 곧잘 되돌아간다. 끊임없이 노력해야 한다는 말은 세상 물정 모르고 하는 소리다. 그런 이들은 태도의 패러다임만 바꾸면 한결 빠르게 성과를 얻을 수 있다는 걸 깨닫지 못하고 있다.

건강하게 살을 빼고 싶은가? 6주 정도 노력하면 대부분 바라던 결과를 얻을 수 있다(상태가 아주 심각하지만 않다면!). 승진하고 싶은가? 12개월이면 된다. 매출 실적을 어마어마하게 끌어올리려면? 90일이면 충분하다.

이상적인 실적을 내기 위해 첫발을 떼는 게 쉬운 일은 아니다. 하지만 효율적인 신념, 기대, 적절한 행동만 있다면 1년이 아니라 1개월 만에도 잘 풀리지 않던 인생사들을 거의 뜻대로 바꿔 원하는 결과를 얻으리라고 장담한다.

급속한 성장은 나뿐만 아니라 모든 사람들을 이롭게 한다. 생각해보라. 한 사업체가 커나감에 따라 얼마나 많은 이들이 덕을 보는지. 우선, 사업체를 운영하는 본인을 들 수 있다. 그는 나날이 숙련돼 많은 돈을 벌어들일 것이고 자부심도 커질 것이다.

다음으로는 직원들. 그들도 회사의 활달한 기운에 영향을 받는다. 운영자가 성장함에 따라 그들 역시 승진하고, 스스로 역할을 창출한다. 회사가 성장함에 따라 직급도 올라가고 보상도 늘어나기에 돈도 더 많이 번다.

뿐만 아니라 고객 역시 이득을 본다. 성장하기 위해 기업이 더욱 우수한 서비스, 고품질의 제품, 타사에 비해 저렴한 가격 등도 더 많이 번다.

마지막으로 지역사회도 빼놓을 수 없다. 사업이 커질수록 일자리가 늘어난다. 따라서 더 많은 세금으로 지역사회에 공헌하게 될 것이다. 또한 더 많은 지역 행사들을 후원할 수도 있다. 사업이 잘 안 되면 이러한 이익들을 모두 놓치게 된다.

스피드로 성공하기 위한 9가지 전략

1. 원하는 것이 무엇인지를 분명하게 해두라.

2. 무엇이든 가능하다는 점을 알아야 한다.

3. 주변에 근사한 사람들, 통 큰 생각을 가진 이들이 몰려들게 하라.

4. 약속한 일은 반드시 지켜라.

5. 스스로 또는 타인에 대한 목표치를 높게 세우고 그에 미달하는
   것은 받아들이지 말라.

6. 정말 문제가 되는 것, 스스로 통제할 수 있는 일에만 집중하라.

7. 제대로 작동하는 시스템을 갖춰라.

8. 지금 착수하라. 추진력이 위대한 결과를 가져온다.

9. 성과를 이룰 때까지는 무슨 일이 있든 계속 추진하라.

＋ 베어스가 스완스를 이겼다 ＋

몇 해 전 시드니 스완스와 브리스베인 베어스간의 축구 경기를
관람한 적이 있다. 양 팀 모두 대단한 실력자들로 선두 그룹에 속
해 있었다. 때문에 모두들 그 경기가 시즌의 빅 매치가 될 것이라
기대했다.

쿼터당 30분씩 4쿼터로 진행되는 경기였다. 내가 응원하는 스
완스가 기선을 제압해 1쿼터 끝 무렵에는 벌써 2골 차로 앞서나
갔다. 그리고 2쿼터가 끝나자 6골 차로 리드했다. 나는 스완스가
베어스를 박살내고 승리하는 모습을 빨리 보고 싶어 견딜 수가
없었다.

그런데 2쿼터가 끝난 뒤, 10분간 휴식시간에 무슨 일인가가 일
어났다. 부상자는 없었다. 날씨도 바뀌지 않았다. 나야 탈의실에

있는 선수들 마음속으로 무슨 생각이 꿰뚫고 지나갔는지는 알 턱이 없었다. 어쨌든 판이한 처지의 양 팀이 3쿼터 경기를 치르기 위해 필드로 나섰다.

15분 뒤에는 동점이 돼 있었다. 그리고 3쿼터 막바지에 이르자 베어스가 앞서 나가기 시작했다. 베어스는 마지막 쿼터까지 리드를 해 그날의 확실한 승자가 됐다.

무슨 일이 일어난 걸까? 몇 분 만에 게임이 180도 뒤집혀버렸다. 전반 2쿼터 동안 압도적인 우위를 보이던 한 팀은 패배의 아픔을 곱씹어야 했다. 이에 반해 전반전에 완전히 무릎 꿇어버린 듯했던 다른 팀은 승리를 자축하고 있었다.

앞의 일화에서 10분간의 휴식시간 동안 일어났던 일들이 많은 사업이나 세일즈맨들에게 종종 일어나곤 한다. 초반의 집중력과 결의가 후반에는 회의와 불확실성으로 변질될 수 있다. 스완스는 어느새 자신들의 승리에 대해 회의하기 시작했다. 반면 베어스는 무슨 수를 써서라도 이겨야 한다는 데만 온 정신을 집중했다. 겉으로 보기엔 달라진 게 하나도 없었다. 하지만 결국 강한 정신력을 가진 베어스가 승전보를 울렸다.

+ 최대의 적은 자기를 못 믿는 것 +

자신이 목표를 달성하거나 성공할 정도로 대단한 존재가 못 된다고 생각한다면 반드시 실패하고 만다. 그런 생각들을 180도 전환하지 않는 한 말이다. 다시 말하지만 자신의 마음 상태와 명확한 목표 설정은 성과에 지대한 영향을 끼친다. 회의감이 들 때 그것을 그대로 인정할지, 거부할지, 자신의 이익을 위해 이용할지 선택해야 한다.

전반전이 끝난 뒤, 스완스의 코치는 선수들에게 어떤 질문을 던져야 했을까. "하느님 맙소사, 리드를 지킬 수 있을까?"보다 "승리를 확정짓기 위해 이제 어떻게 해야 할까?"가 훨씬 더 좋았을 것이다.

또는 "남은 30분 동안 12점 차, 더 나아가 32점 차로 벌여놓으려면 어떻게 해야 할까?"라고 질문해야 했다. 보나마나 선수들은 상대편이 점수 차를 만회하려고 거세게 밀어붙일 텐데 계속 이길 수 있겠냐며 걱정했을 테니 말이다. 결국 그런 의혹이 "점수 차를 2배로 벌리려면 어떻게 해야 하나?"와 같은 질문이 낳았을 결과와는 사뭇 판이한 결과를 가져온 것이다.

✛ 질문을 잘 해야 성공한다 ✛

이기든 지든 그 과정은 대동소이하다. 스스로에게 얼마나 차원 높은 질문을 던지느냐가 중요할 뿐이다. 비즈니스에서도 마찬가지다. 사람들은 말한다. "얼마나 버틸 수 있을까?" 그건 바로 당신의 생각이 얼마나 명료한지, 스스로에게 얼마나 질 높은 질문을 던지는지에 달려 있다.

나는 사장이 얼어붙었다고 걱정하는 영업부에게 더 강하게 맞받아치라고 말한다. 사람들은 환경에 적응해야 한다. 그리고 마켓 리더의 위치에 있건 후발 도전자의 위치에 있건 항상 더 나은 질문을 던져야 한다. 실적은 결국 스스로가 던지는 질문의 질에 달려 있다.

말하자면 이렇다. 스스로에게 더 나은 질문을 던질수록 더 좋은 답변을 얻게 된다. 그리고 답변의 질이 높을수록 더 나은 성과를 얻을 수 있다.

2
성취 목표를 세워라

다비드상은 빼어난 예술품이다. 하지만 미켈란젤로의 손이 닿기 전까지는 아무렇게나 생긴 대리석판에 불과했다. 미켈란젤로가 그 다듬어지지 않은 겉모습의 이면을 꿰뚫어본 셈이다. 그는 걸작을 빚어내겠다는 야망으로 매일매일 대리석 조각을 쪼아나갔다. 그 결과 꿈이 실현된 것이다.

미켈란젤로의 대리석처럼 처음에는 우리 모두 거대한 잠재력 덩어리이다. 인생의 걸작을 창조하기 위해서는 눈에 보이지 않는 기회를 엿볼 줄 알아야 한다. 인생에 있어 분명한 자신만의 비전을 세우는 일은 성공으로 가는 첫걸음이다.

✛ 진짜로 원하는 게 뭔가 ✛

이쯤에서 독자들은 이 책에서 무엇을 얻고자 하는지를 분명히 해두기 바란다. 그래야만 소득을 얻을 수 있다.

마지막 책장을 덮고 난 뒤, 어떤 결론을 내리는 게 이상적일까? 더욱 분명하게 알고 싶은 것들은 무엇인가? 더욱 연마해야 할 기량은? 스스로의 인생에서 영감을 얻고 싶은 분야는?

인생에서 정말로 중요한 것이 무엇인지 100% 정확하게 알고 있다면 전쟁의 반은 이긴 거나 다름없다. 향상시켜야 할 것, 뿌리 뽑아야 할 것 등이 무엇인지 알아야 한다. 그 다음으로 중요한 게 자신이 원하는 성과를 얻을 수 있는 방향으로 움직이는 것이다. 일단 무기력한 상태에서 벗어나 추진력을 얻고 나면 모든 것이 쉬워지기 시작한다.

독자들은 지금 당장 이 책에서 얻고 싶은 것 5가지를 메모하라. 순서는 중요하지 않다. 리스트는 나중에 다시 바꿔 써도 상관없다. 어쨌든 당장 리스트를 적어보는 게 무엇보다 의미 있는 일이다.

✛ 짐을 다시 꾸려라 ✛

최근 샌디에고에서 열린 비즈니스 협의회에 참석한 적이 있다. 이틀째 되던 날, 나는 리처드 라이더(미국의 유명한 자기계발

트레이너—옮긴이)가 강의하는 '가방을 다시 꾸려라'라는 제목의 워크숍에 참가했다. 그 모임에 대해선 아무것도 몰랐지만, 제목이 흥미를 끌었다.

방으로 들어서니 20여 명 정도가 와 있었다. 수염을 기른 작달막한 사내가 플립 차트(강연 등에서 사용하는 한 장씩 넘기게 된 도해용 카드—옮긴이)와 마카펜을 들고 앞에 서 있었다. 그는 정육점에서 쓰는 허름한 종잇장 위에 '가방을 다시 꾸려라'라고 썼다.

나는 그때까지 다녀본 많은 강연회들과 너무나도 대조적인 모습에 다소 놀랐다. 다른 모임들은 중앙 회의실에서 열렸다. 멋들어진 무대와 거대한 프로젝트 스크린을 갖췄다. 그리고 파워포인트 자료를 이용해 매끄럽게 발표를 진행했다. 하지만 라이더는 그 대신 호텔 구석의 눈에 띄지 않는 작은 방과 허름한 종이 몇 장을 선택했다.

나는 잠시 동안 여기에 계속 있어야 하나, 다른 워크숍으로 가야 하나 망설였다. 그렇게 갈팡질팡하고 있는 사이 라이더가 나를 봤고 웃으며 말했다. "들어와서 들어봐요. 여기 앞줄에 자리가 있으니." 난 어쩔 수 없이 강의를 듣게 됐다. 내가 앉은 곳은 맨 앞줄이라 몰래 도망갈 방법도 없었다.

선택의 여지가 없어진 것에 짜증이 났다. 하지만 나는 곧 마음을 바꿔먹고 강의가 시작되길 기다렸다. 라이더는 '값진 인생의 재산 목록'이라고 쓰인 노트를 하나씩 나눠줬다. 여기저기 사진이 복사돼 있는 종이 몇 장이 스테플러로 찍혀 있었다. 매우 엉성

했다.

첫 번째 질문을 보았다. '당신은 사랑하는 사람들과 함께 자기에게 딱 맞는 일을 하면서 뜻대로 살아가고 있습니까?'

이런! 나는 생각에 빠지지 않을 수 없었다. 그 질문은 나를 무지 불편하게 만들었다(하지만 난 그런 상황을 좋아한다). 나는 불편한 점이나 갈등이 생기면 그 상황을 개선하고 싶어진다.

라이더는 인생에는 여러 번의 주기가 있다고 말했다. 우선 평탄한 시기가 있다. 안락한 영역에 도달해 생활, 일, 여러 사회 집단들과의 관계에 안주하는 때다. 이런 국면에는 변화란 거의 일어나지 않는다.

그는 또한 인생에는 촉매제나 자극제라는 것도 있다고 했다. 인생을 다시 돌아보게 만드는 상황이나 사건들이다. 사람들을 자극하고, 영감을 불어넣고, 많은 것들을 새로이 알려준다. 그런 경험들은 즐거울 수도 있지만 매우 불편할 수도 있다. 결혼, 이혼, 새로운 사업의 시작, 재정적인 위기, 외국 여행, 누군가에게 이용당할 때, 세미나나 훌륭한 책에서 영감을 얻을 때 등이 바로 그런 경우다.

어떤 자극이든 이런 모든 경험은 변화의 기회를 제공한다. 때로는 지금 하는 일을 다른 일로 바꾸게 하거나 인생의 다음 계획에 대해 다시 생각해보게 만들기도 한다. 짐을 다시 싸도록 하는 것이다.

나 역시 인생의 많은 촉매제들과 맞닥뜨려봤다. 하지만 그것들이 짐을 다시 꾸리게 해준다는 식으로 생각해본 적은 한 번도 없었다. 과거에 해왔던 일들을 돌아보고, 구습을 버리고, 당장 펼쳐질 미래에 더 잘 무장하도록 새로운 능력이나 태도를 갖게끔 해준다는 것이다.

가방 속 내용물들을 꾸준히 점검하고 재평가하는 것, 즉 습관들을 잘 살펴보는 일이 필요하다는 게 분명해졌다. 내가 챙긴 것들이 유용한 것인가? 앞으로의 여행에 필요한가?

독자들은 어떤가. 목적을 이루기 위해 지금껏 지녀온 기능이나 습관이나 행동들을 스스로 선택했는가? 자신만의 노하우나 시간관리나 일터에서 재조정하거나 더 개선할 만한 할 대목은 없는가? 커다란 목표를 이루기 위해 여러 그룹들로부터 올바른 지원을 받고 있는가? 순탄하게 다음 목적지로 가기 위해 남겨두고 와야 할 것들은 없는가?

이런 대목들을 읽으며 마음속에 떠오르는 것들을 잠시 붙들고 거듭 생각해보기 바란다. 내게 부족한 것은 무엇인가? 지나치게 에너지를 쏟고 있는 것은 없나? 더 가볍고 빠르게 여행하기 위해 다스려야 할 산만한 생각들은 없는가?

어떤 이들은 '~할 거야'라는 말을 남발한다. 언젠가는 이걸 할 거야, 내년엔 저걸 할 거야 등등. 하지만 사실 지금껏 하지 못한 일은 앞으로도 하지 못할 것이다. 지금 당장 시작하라. 당장 작게나마 한 발짝 떼어놓으라.

인간관계를 개선하고 싶다면 당장 배우자에게 말하라. 당신을 정말 소중히 여기고 있다고. 오랫동안 다이어트할 거라고 떠들기만 했다면 당장 점심부터 실천하라. 햄버거 대신 샐러드나 샌드위치를 주문하는 걸로. 지난 5년간 사업을 일으켜 세워보겠노라고 스스로 약속만 거듭해왔다면 당장 퇴근하기 전에 차분히 앉아 해야 할 일들의 목록을 작성하라.

쉽게 변하지 않더라도 지금 있는 그대로의 현실을 받아들이고 스스로에게 솔직해지는 게 좋다. 내일의 환상에 쓸데없이 에너지를 낭비하는 것보다는 말이다.

✛ 목 표 설 정 ✛

가장 커다란 위험은 목표가 너무 높아 놓치고 마는 게 아니라, 너무 낮아 쉽게 도달하는 것이다.

—미켈란젤로

많은 사람들이 자기 인생에 더 이상 신명을 느끼지 못하고 있다. 향후 12개월에 대해서뿐만 아니라 다가올 12년에 대해서조차. '작년에도 별로였는데 내년이라고 달라질 게 뭐 있겠어?' 라고 생각한다.

이 지점에서 독자들은 에너지의 흐름을 바꿔야 한다. "지난 12개월은 별 볼일 없었을지 몰라도 다음 12개월은 내 인생 최고의 시간이 될 것이다." 하고 말할 수 있어야 한다. 그렇게 근사한 1년을 보내기 위해 해야 할 일을 적어라. 그리고 거기에 도달하기 위해 필요한 일들을 실행하는 것이다.

닥쳐올 1분을 꿈꾸자. 실패에 대한 두려움일랑 제쳐놓아라. 원하는 것은 무엇이든 100% 달성 가능하다고 생각하자. 어떤 목표를 세워야 진정으로 활기차고 흥분에 넘칠 수 있을까?

'신용카드 청구서를 청산할 수 있다면'이라고 말하는 이도 있을 것이다. 그것도 좋은 출발이다. 카드빚을 다 갚고 나면 반드시 다음 단계로 넘어가야 한다. 은행에 1만 달러를 저축하는 목표를 세우는 건 어떨까? 생각만 해도 멋진 일이다.

이제는 승승장구할 일만 남았다. 단 한 푼의 빚도 없고 은행에

1만 달러까지 저축하다니……. 꿈같은 휴일을 보내는 건 어떨까? 이태리로 가고 싶지만 그건 절대 불가능하다고 생각하는가? 그래도 일단 써두자. 앞으로 12개월 안에 카드빚을 다 갚고, 1만 달러를 저금하고, 이태리에서 휴일을 보내고, 새 차를 사고, 승진을 해 임금은 2배가 된다. 어떤 느낌인가? 환상적이지 않은가? 오케이. 이제 그런 일이 일어나도록 만들자.

일단 부채(負債) 문제부터 시작하자. 매주 300달러씩 저금할 방법을 찾고 싶다. 하지만 그렇게 많이 벌지는 못한다는 생각이 당신을 가로막는다. 자, 당신이 영업을 하고 있다고 하자. 수입을 2배로 올리려면 어떻게 해야 할까. 판매를 2배로 늘려야 한다. 그렇다, 바로 그거다. 그게 가능하려면 하루에 몇 시간씩 초과근무를 해야 한다. 그렇게 하자. 그리고 날마다 그걸 기록해두자.

바로 이런 것이 성공을 쟁취하는 과정이다. 그렇게 됐으면 하는 인생을 꿈꾸어라. 그리고 그 목적을 이루는 데 필요한 행동을 취하는 것이다. 누구나 자신의 꿈을 작은 덩어리로 쪼갤 수 있다. 전화, 회의, 약속, 이메일……. 이런 것들이 전부 필요하다.

믿는 대로 이뤄진다

스스로에게 이런 질문을 던져보라. 결코 실패할 수 없다는 걸 안다면, 지금 이 순간 어떻게 하겠는가? 인생을 어떻게 설계할 것인가? 어떤 단계를 밟아야 할까? 이건 아주 중요한 질문들이다. 성공한 사업가들은 바로 이렇게 생각한다. 그들은 대부분 언제나 무(無)에서 시작한다. 그리고 성공이 가시화되기 전에도, 그것을 늘 마음속에 떠올려보고 내면화해둔다. 자기계발 분야의 베스트셀러 저자인 웨인 다이어는 "믿는 대로 이뤄진다."라고 말했다.

✛ 꿈꿀 때는 과감하게 ✛

18세 때, 나는 독학과 자기계발에 완전히 몰입됐다. 우연히 알게 된 지그 지글러(미국의 유명 대중연설가이자 자기계발의 대가─옮긴이)의 테이프를 듣곤 동기부여를 느꼈다. 나는 그가 이틀간 세미나를 하러 시드니로 온다는 걸 알았다. 차표 값이 1주일치 임금보다 더 비쌌다. 하지만 나는 무조건 거기 가야 했다.

나는 열의에 차 맨 앞줄 가운데 자리에 앉아 한마디라도 놓칠세라 귀를 기울였다. 첫날 끝 무렵 지글러는 "자, 그럼 이 방에 참석한 분들 가운데 목표가 정말 중요하다는 것을 믿는 사람?"이라고 물었다. 모두들 손을 들었다. 그러자 그는 "좋아요. 그럼 자기가 이룰 수 있는 꿈을 계속 적어온 사람은? 지금 그걸 내게 보여줄 수 있는 사람 있나요?"라고 다시 물었다.

방 안을 가득 메운 200여 명 가운데 6명만이 손을 들었다. 나는 그 6명 가운데 들지 못했다. 지글러는 여기서 딱 단절이 된다고 말했다. "목표가 필요하다는 데는 다들 동의하면서도 목표를 기록해두는 사람은 3%밖에 되지 않다니." 그러면서 그는 우리에게 숙제를 내주었다. 목표를 적지 못한 사람은 내일 나오지 말라고 했다. 그는 "원하면 수업료도 환불해드릴 테니 목표 리스트를 써 오지 못하면 나오지 마세요."라고 말했다.

나는 집으로 돌아온 뒤 목표를 써내려가기 시작했다. 처음에는 여간 어렵지 않았다. 나는 멋진 미래를 꿈꾸면서 두려움과 당혹함을 느꼈다. 내 속에 깃든 비판적인 목소리는 자꾸만 '그런 일은 일어나지 않을 걸.'이라고 말했다. 하지만 고집스레 매달리자 갑자기 써야 할 말들이 술술 풀려나왔다.

은행에 돈이 좀 있었으면 좋겠다는 생각이 들었다. 그래서 그걸 썼다. 다음에는 멋진 차를 샀으면 좋겠다고 적었다. 언젠가 세계여행을 해도 좋지 않을까? 그것도 적었다. 그런 식으로 계속 썼다. 곧 4~5페이지가 넘어갔다.

내가 어떤 인생을 원하고 목표는 무엇인지를 모두 적었다. 나는 내 인생이 어때야 할지를 당당히 꿈꾸었다. 전혀 새로운 가능성의 세계를 열어젖혔다. 나는 완전히 사람이 달라져서 두 번째 세미나에 참석했다.

오전 9시, 난 여전히 첫째 줄에 앉았다. 지글러가 다시 질문했다. "자 이제 목표 리스트를 만들었으니 이걸 어떻게 해야 할까요? 장롱 속에 처박아둘까요?" 누군가 손들고 말했다. "아니에요. 정기적으로 들여다봐야겠죠." 지글러는 얼마나 자주 그래야 하겠느냐고 물었다. "제대로 하는지 알려면 매달 1번은 봐야겠네요." 누군가가 말했다.

"그것도 좋은 출발이에요. 하지만 매일 하면 어때요?" 지글러는 말했다. 어떻게 이걸 매일 들여다보게 스스로를 훈련시킬지 고민에 빠지려던 차에 지글러가 다시 말했다. "아니면 하루 2번 은 어때요? 아침에 1번, 잠자리에 들기 전에 1번."

나는 그렇게 하기로 했다. 나는 20년 전의 그 세미나 이후로 하루도 빠짐없이 목표 리스트를 하루에 2번씩 들여다본다. 하루 2번씩 리스트를 들여다보기 위해서는 그 일이 손쉬워야 한다고 생각했다. 그래서 목표 리스트에 얇은 판을 씌워 샤워할 때 잘 보이는 벽에 붙여두었다. 그건 아직도 거기 있다(그간 내용이 수십 번 바뀌긴 했지만). 나는 샤워할 때마다 여전히 그걸 곱씹어본다.

그날 이후, 이 작은 행동 하나가 다른 어떤 활동보다도 내 삶에 더 많은 성과와 긍정적인 변화를 가져다주었다.

샤워의 힘

나는 하루 두 차례씩 '성공 질의서'와 '일일 다짐'을 훑고 지나간다.

성공 질의서
— 오늘 살아 있다는 것이 왜 내게 축복이며 행운인가? 인생에서 나를 행복하게 만드는 것은 무엇인가?
— 나는 다른 누군가의 삶이 달라지도록 무엇을 할 것인가?
— 인생에서 내가 사랑하는 사람은 누구인가? 왜 그들을 사랑하는 가? 오늘 그들에게 내 사랑을 어떻게 보여줄 것인가?
— 동료와 친구들을 깜짝 놀라게 하고 미소 짓게 하기 위해 무엇을 할 것인가?

— 오늘 어떤 사람의 올바른 행동을 본받을 것인가? 누가 시련에 빠져 있는가? 그에게 난 어떤 방법으로 연민과 지지를 보낼 것인가?

— 현재의 고객을 어떻게 열광적인 팬으로 바꿔놓을 것인가? 사업을 키우기 위해 오늘 무엇을 할 것인가?

— 오늘 당장 기력을 증강시키고 더욱 강해지려면 어떤 운동을 해야 할까?

— 오늘 아침엔 재빨리 기운을 차리고 심신을 정화하기 위해 어떤 과일을 먹을까?

— 깨우치고 자극받기 위해 어떤 책을 읽고 어떤 테이프를 들을까?

— 오늘 할 일들이 내 꿈의 불씨를 계속 살아 있게 할까? 미래의 성장을 위해서는 어떤 씨를 더 뿌려야 하나?

1일 다짐

— 오늘도 멋지게 잘해낼 거야! 그날그날의 모험을 사랑한다.

— 내 행복을 책임지는 건 나 자신이다. 아무도 오늘 하루의 마법을 앗아가지 못한다.

— 집중과 에너지와 열망으로 하루하루를 헤쳐나가 수월하게 꿈을 이루고야 말 것이다.

— 인생의 모든 일들이 보상이 되거나 아니면 교훈이 될 것이다.

— 정말 중요한 일에만 집중하고 나머지 것들은 흘려보낸다.

— 항상 다른 사람들을 격려한다. 나는 인정 많고 다른 이들을 잘 보살피는 사람이다.

— 혜택 받지 못한 이들을 돕는다. 지역공동체에 기여하고 환경을 돌본다.

— 나는 지금 원하는 것을 이루기 위해 필요한 모든 것을 갖고 있다. 나의 인생은 균형 잡혀 있고 조화롭다.

+ 안개 속에서 빠져나오기 +

숱한 사람들이 안개 속을 헤매느라 인생을 소비하고 있다. 그들은 이 약속에서 저 약속으로 옮겨 다니고 문제가 생길 때마다 해결하느라 항상 바쁘다. 그렇게 하루가 지나면 거실 TV 앞 소파에 축 늘어진 채로 맥주나 와인을 한잔하면서 모든 것을 잊어버린다. 다음날이 돼 이 모든 일들이 다시 반복될 때까지. 그들은 사실 자신이 어디에 있는지, 어디로 가는지 의식하지 못하고 있다. 그저 한 발 앞에 다른 발을 옮겨놓고 있을 뿐이다.

목표 설정이란 이런 안개 속에서 머리를 빼내는 일이다. 우리를 둘러싼 일상의 문제들에서 떨어져나와 정말 살고 싶은 삶이 어떤 것인지에 대해 명료하게 생각을 정리하는 것이다.

나는 지그 지글러의 세미나에 갔다 온 며칠 뒤 점심시간에 꿈에 대해 생각하고 있었다. 근무시간이 시작되기까지 15분이 남아 있었다. 다링허스트의 스탠리 스트리트에서 우유를 담은 나무상자에 앉아 삶에 대해 생각하며 햇볕을 쬐고 있었다. 나는 열여덟 살이었다. 학교를 중퇴한 자동차 세일즈맨이었다. 빚이 있고 임금은 쥐꼬리만 했다.

더 나은 삶을 생각하기란 정말이지 어려웠다. 그때까지는 나의 모든 문제점들과 잘 안 풀리는 상황만을 걱정하느라 정신없었기 때문이다. 하지만 목표를 세우고 가고 싶은 길에만 초점을 맞추었다. 그러자 내 태도는 완전히 바뀌었다. 현재의 모든 어려움이 하찮아 보였다. 그것들은 내가 가려는 길 위에 놓인 사소한 방해물일 뿐이었다.

나는 사업을 시작하고 어려움이 닥칠 때마다 그런 태도를 고수했다. 그리고 더욱 큰 목표를 세웠다. 세상에서 가장 멋진 부동산 회사를 차리고 싶었다. 하지만 당시만 해도 그걸 실제로 성취하게 되리라고는 믿기 어려웠다.

나는 목표에 집중했고 방해물들을 헤쳐나갔다. 그러자 서서히 모든 것들이 달라지기 시작했다. 일이 차츰 진전됐고 작은 성과들이 생겨났다. 한 발 한 발 천천히 앞으로 내디딜 때마다 목표를 이룰 수 있을 거라는 믿음은 굳건해져 갔다.

끊임없이 목표를 수정하라

매일 목표를 훑어보다 보면, 몇 가지 지지부진한 점들을 금세 발견하게 된다. 그렇다면 이제 그것을 수정하라. 강렬하게 끌리지 않는 목표라면 목록에서 빼는 게 낫다. 나는 차라리 목록의 개수가 부족한 게 더 낫다고 확신한다. 그저 약간 구미가 당기는 목표 25개를 갖고 있느니 스스로를 정말 달아오르게 하는 10개를 갖는 편이 낫다.

목표는 좋은데 과정에 진전이 없다면 계획을 수정해야 한다. 뭔가 추가돼야 할 단계가 없는지도 살펴봐야 한다. 자신을 후퇴시키는 게 무엇인지 자문해보라. 신념 체계가 잘못된 것인가? 자원을 더 투입해야 하는가? 어쩌면 우선순위를 바꿔야 할지도 모른다.

3
목적지까지 가는 데 필요한 것들

얻고자 하는 게 확실해졌다면 목표를 이루기 위해 행동할 준비가 된 것이다. 성공이란, 크게 보면 새로운 습관으로 바꾸는 문제다. 자기계발 강사 브라이언 트레이시는 성공이란 장기간에 걸쳐 날마다 반복되는 단순한 몇 가지 단련들이라고 정의했다. 마찬가지로 실패란 장기간 반복되는 몇 가지 판단 착오라는 것이다.

옛 습관은 오래도록 그걸 반복하는 과정에서 깊이 각인된다. 습관을 바꾸려면 그것을 지탱하는 자기신념부터 살펴봐야 한다. 숱한 부정적 신념, 낮은 기대, 의혹 등이 성공으로 가는 길을 방해하는 경우가 부지기수다. 성공은 스스로 성공할 수 있다고 믿기 전까지는 절대 불가능하다. 다행인 것은 부정적 자기신념을 바꾸는 일은 순식간에 해낼 수 있다는 것이다.

+ 순식간에 기분 바꾸기 +

인생에는 통제할 수 없는 갖가지 일들이 일어난다. 좋은 일도 있고 궂은일도 있다. 안 좋은 일이 일어나지 못하게 막을 방법은 없다. 다만 그런 일에 대한 자신의 반응은 통제할 수가 있다. 주말에 소풍을 가려고 토요일 내내 음식을 장만했다. 그런데 일요일 아침 눈을 떠보니 비가 억수같이 퍼붓고 있다. 대재앙인가, 그저 사소한 불편일 뿐인가. 모든 것은 마음먹기에 달렸다.

재앙이라고 바라보는 사람이라면 실망해서 날씨를 저주하고 준비하는 데 들인 노력이 수포로 돌아간 것을 통탄할 것이다. 하지만 멋진 점심 도시락을 챙겨 일하러 갔다가 뜻하지 않게 친구와 좋은 영화를 보러 간 데서 기쁨을 느낄 수 있다. 비를 멈출 순 없다. 하지만 우리의 마음가짐을 바꿀 수는 있다.

우리는 인생의 그 어느 순간에도 기분을 조절할 수 있다. 한순간에 스트레스와 공포가 평온하고 낙관적인 심정으로 바뀔 수 있다. 변화는 한순간이면 가능하다.

+ 스트레스를 날려버리는 법 +

최근 내 친구 메기 웨버는 세미나에서 한순간에 기분을 바꿀 수 있다는 것을 시범으로 보여줬다. 그녀는 우리 팀원 가운데 한 명을 앞으로 불러냈다. 심장을 모니터에 연결한 뒤 다함께 그의 삼

장박동수를 체크하기로 했다. 그런 다음 대중 앞에서 노래 부르기 등 스트레스를 느낄 만한 행동을 유도했다. 우리는 스트레스를 받을수록 그의 심박수가 치솟는 것을 목격했다.

메기는 이번엔 즐거운 일들을 떠올려보라고 주문했다. 가장 좋아하는 휴양지와 그곳에서 함께 시간을 보내고 싶은 이들을 생각해보라고 말이다. 아름다운 주말에 별장 베란다에 앉아 좋아하는 벗들과 수다를 떨고 농담하는 즐거운 상상을 하고 난 뒤, 그의 심박수는 빠르게 떨어졌다. 한순간에 심한 스트레스 상태에서 평온하고 즐거운 상태로 바뀐 것이다.

이것이 메기가 자칭 '스톱모션' 또는 '순식간에 기분 바꾸기'라고 부르는 방법이다. 스트레스를 받을 땐 누구라도 써먹을 수 있다. 격한 감정의 한복판에 그냥 멈춰 서서 큰 숨 한번 들이쉬고 자신에게 말하는 것이다. "말하는 방법을 바꿀 필요가 있어. 나는 이 문제를 뚫고 나갈 거야. 문제는 나를 허물어뜨릴 수 없어. 더 강하게 만들어줄 거야."

이 상황 속에 감춰진 '선물'이 무엇인지 스스로에게 물어보라. 바로 지금 이 문제에 대해 어떤 감정을 갖는 게 가장 유리한가? 지금 어떤 일을 하는 게 가장 좋은가? 마음가짐이 바뀌면 자기 속의 모든 에너지가 바뀐다. 그것은 사건의 결과까지 바꿔놓는다.

✛ 단 3초 만에 사업의 성패를 바꾼다 ✛

3초 안에 세계적인 기업을 창조할 수 있다. 3초란, 세계적인 사업을 손에 넣겠다고 결심하는 데 걸리는 시간이다. 그밖의 다른 모든 것들은 이의 실행이나 집행에 지나지 않는다.

그러니까 지금 결심하라. 아무도 우리의 결심을 막을 수 없다.

나는 처음부터 세계적인 기업을 만들 결심을 했다. 주위에서는 다들 빚지지 않고 그럭저럭 연명해가는 데만 관심을 쏟았다. 그때 나는 더욱 근사한 무언가를 꿈꾸고 있었다. 전 세계적으로 부동산 매매 방식을 바꿔놓을 어떤 조직체 말이다.

일단 정신을 한곳에 모으기 시작하면 사물을 보는 방식이 달라진다. 세계적 수준의 사업이 되려면 어떤 인재를 고용해야 하나? 최고의 인재나 최고가 되기 위해 노력하는 이들만을 써야 할 것이다. 시스템은 어떤가? 잘 돌아갈 것 같은가, 아니면 사업이 확장을 거듭함에 따라 재설계해야 하겠는가? 사업 조직은 어떤가? 지금은 잘 돌아간다고 말할 수 있을지 모르지만, 나중을 생각해 더 큰 시장에서도 먹힐 수 있는 요소들을 미리 갖춰둬야 한다.

세계적 기업을 이루겠다는 생각이 구체적인 행동을 부른다. 결심이 서면 행동이 바뀐다. 행동이 바뀌면 결과가 달라진다.

나는 사업을 시작하고 얼마 뒤까지는 평균 가격 20만 달러 정도의 집을 팔았다. 그 정도면 최하위급 매물은 아니었지만, 하위 25%에 속하는 것이었다. 어느 날 한 친구가 전화를 해 1,000만 달러짜리 부동산을 팔고 싶어하는 이가 있다고 했다. 내가 그 판매에 관심을 보였을 것 같은가?

난 못한다고 대답했다. 내가 그 정도로 큰 금액의 매물을 판매할 능력이 안 된다고 생각하고 그 제안을 거절했다. 하지만 전화를 끊고 나서야 이런 생각이 들었다. 20만 달러짜리 부동산이나 1,000만 달러짜리 부동산이나 파는 일은 크게 다를 건 없지 않은가?

그 즉시 나는 그 부동산을 팔아보기로 결심했다. 달라진 건 하나도 없었다. 내 경험과 지식은 그대로였다. 그저 "난 못해."에서 "못할 게 뭐야" 쪽으로 마음만 옮아갔을 뿐이다.

친구에게 전화를 걸어 그만한 가격의 매물을 팔아본 적은 없지만, 고객과 한번 얘기해보고 싶다고 말했다. 만남이 주선됐다. 고객은 우리 회사 이름을 들어본 적도 없었다. 그저 소개해준 친구에 대한 예의로 마지못해 시간을 낸 것 같았다. 한 시간 가량 얘기한 후, 나는 판매전략을 가지고 다시 오겠다고 했다. 그는 그날 3명의 중개인을 더 만나기로 돼 있었다.

그 다음 24시간이 내 인생을 바꿨다. 난 이 일을 단순히 하고 싶은 정도가 아니었다. 세포 하나하나까지 그 일에 사로잡혀 있었다. 나는 아드레날린 분비에 힘입어 지금까지 짜본 것 중 가장 훌륭한 영업전략을 짜냈다. 고객에게 간 것은 그 다음날이 아니었다. 나는 그날 밤 바로 그를 찾아갔다. 마주 앉아 내 생각과 전략을 설명했다. 집을 나섰을 때는 밤 10시가 돼가고 있었다. 고객은 그 만남에서 내게 일을 맡기기로 결심했다.

잠시 곰곰이 반추해보라. 스스로에 대한 믿음이 부족하거나 기대가 낮아 거절하거나 잠재적 시장을 찾아보지 않아 놓쳐버린 근사한 기회가 얼마나 많았는지.

내 친구에게서 걸려온 전화를 받은 뒤의 그 짧은 시간 동안, 불가능하다는 생각에서 가능할 거라는 믿음으로 바꾸지 않았더라면 어떻게 됐을까?

이 이야기는 해피엔딩으로 끝난다. 우리는 고객의 부동산을 1천 125만 달러에 팔았다. 그 당시 호주에서는 새로운 기록이었다. 나는 사고방식이 바뀌었다. 우리 회사는 엄청 유명해져 새로운 시장에 발을 들여놓게 됐다. 20만 달러짜리 부동산을 팔던 때와 하나도 다를 게 없었다. 수수료 받을 때 수표 금액에 0이 몇 개 더 붙는 걸 빼곤 말이다.

＋ 바꾸지 않으면 아무것도 달라지지 않는다 ＋

'바꾸지 않으면 아무것도 달라지지 않는다.' 이것은 아주 지당한 말이다. 하지만 하나도 바꾸지 않으면서 더 나은 결과만을 바라는 사업가들이 얼마나 많은가.

인생에서 원하는 것이 거저 주어지는 경우란 거의 없다. 강철같은 결심을 바탕으로 영리하고도 간단명료한 계획을 세워둬야 한다. 그러지도 않고 판매실적이 향상되길 바라는 건 순진하기

그지없는 일이다. 사태를 변화시키려면 스스로 변화의 주동자가 돼야 한다. 스스로를 '재발견'해야 하는 것이다.

세상에서 진실로 통제할 수 있는 건 자기 자신뿐이다. 고객, 경쟁자, 경제 상황, 동업자 등은 통제할 수 없을 때가 많다. 스스로의 모든 결정과 행동은 100% 통제 가능하며 전적으로 본인에게 달려 있다.

이 책을 읽는 동안 스스로에 대해 한번 생각해보라. 내가 원하는 방향으로 변화하려면 오늘 무엇을 해야 할까. 자신이 처한 상황을 다른 사건이나 사람의 탓으로 돌리는 데 익숙해진 사람이라면 이런 식의 생각이 두려울지도 모른다. 어떤 결과든 자신이 자초한 것이다. 오직 자신만이 상황을 개선시킬 수 있다는 사실에 의기소침해질 수도 있다.

하지만 우리는 두려움을 극복하고 진실에 눈떠야 한다. 그러한 상황은 자신의 신념과 행동이 빚어낸 결과다. 이 사실을 겸허하게 받아들이고 미래를 준비하자. 과거의 행동이 현재를 좌우했듯이 미래 또한 현재의 결심과 행동에 달려 있다. 그러므로 인생에서 더 나은 성과를 얻고자 한다면 필요한 변화를 찾아내 실행해야 한다.

예를 하나 들어보자. 우리 회사 영업사원 가운데 로버트라는 사람이 있다. 언젠가 그에게 고객을 상대하는 방법에 대해 가르치고 있었다. 나는 우선 고객에게 전화부터 하라고 말했다. 전에 그 고객은 매매를 원하고 있었다. 통화 중, 로버트는 고객과 목요일에 만나기로 약속했다. 나는 그에게 약속 시간에만 잘 맞춰 나간다면 모든 게 잘 풀릴 거라고 격려했다. 로버트 또한 기대에 차 있었다.

나는 또 다시 그에게 충고했다. "이런 방법은 어떨까. 그 고객의 부동산은 자네 집에서 가깝네. 그곳을 지날 때 고객에게 전화를 한 통 해주게. '스미스 씨, 집에 가는 길에 당신 부동산 옆을 지나다 생각이 나서 전화했습니다. 목요일 만남이 정말 기대되는군요. 최근 제 거래자들 가운데 당신 매물에 관심 가질 만한 사람 서너 명을 벌써 생각해뒀습니다. 그날 자세한 정보를 보여드리겠습니다. 기회를 주셔서 감사합니다.'라고 말이야. 그렇게 한다면 목요일 만남에서 거래가 성사될 가능성은 더욱 높아질 걸세. 전화 한 통으로 성공 확률을 100%까지 끌어올리는 거지."

로버트는 내 조언을 즉각 받아들였다. 나중에 그는 "존, 그 집을 방문했더니 날 마치 가족처럼 대해주더군요. 날 진심으로 반기는 것 같았어요."라며 기뻐했다. 결국 로버트는 내 충고를 받아들여 틀에 박힌 영업 전략에 변화를 가했고 실적도 향상시켰다.

날마다 새로운 정보를 찾아 행동으로 옮긴다면 실적은 눈부시게 좋아질 것이다. 작은 행동 변화 하나가 당신의 인생에 엄청난 영향을 미친다.

여섯 살배기 아이가 크리스마스에 자전거를 선물 받았다. 아이는 자전거에 올라타지만 금세 넘어진다. 다시 시도하지만 역시 비틀거리다 넘어지고 만다. 열일곱 번이나 시도한 끝에 자전거를 타고 5미터 정도 나아간다. 그리고 약간 비틀거리더니 핸들을 잡고 계속 나아가기 시작한다. 한순간 아이는 자신이 자전거를 탈 수 있게 됐음을 자각한다. 도대체 무슨 일이 벌어진 것일까? 능력이 생겨난 것이다. 아이는 그 짧은 순간에 자기가 자전거를 탈 수 있게 됐다는 걸 깨닫는다.

사업하는 사람이 새로운 기술을 배우거나 새로운 행동을 하려고 할 때도 똑같이 설명할 수 있다. 처음엔 어려워 보일지 모른다. 아무래도 해낼 수 없을 것만 같다. 몇 번 실패도 한다. 뭔가 문제가 있는 것 같다. 하지만 계속 그 일에 매달리다 보면 자잘한 성공을 거쳐 곧 능력이 생겨난다. 나는 많은 영업사원들에게서 그런 예를 보아왔다. 처음에는 실수를 연발한다. 그 때문에 압박감과 스트레스에 시달린다. 그러다 갑자기 작은 성공이 찾아온다. 그리고는 좀더 큰 성공, 더 큰 성공이 오고……. 그들은 순식간에 뛰어난 영업사원이 돼 있다.

✛ 성공을 주저하게 만드는 것들 ✛

시드니 항구를 항해하려 한다고 하자. 날씨는 화창하고 먹을 것도 충분하다. 또한 요트와 선원들도 완벽하게 준비돼 있다. 멋진 하루를 보내기에 딱 알맞은 조건이다. 그러나 항해를 시작하려면 가장 먼저 해야 할 일이 있다. 정박하고 있는 보트를 풀어주는 일이다. 보트가 묶여 있다면 아무데도 갈 수 없기 때문이다.

마찬가지로 멋진 삶을 살려면 성공 앞에서 주춤거리도록 만드는 굴레에서 벗어나야 한다. 굴레란 자신과 세계와의 신뢰에 제약이 가해진 상태다. 요트를 묶어두는 끈이 물밑에 있어 잘 보이지 않는다. 마찬가지로 우리를 묶은 끈도 무의식적인 것이라 알아채기 어렵다.

자신에게 채워진 족쇄의 정체를 알고 싶다면, 인생에서 더 나은 성과를 올리고 싶은 영역이 어디인지 생각하는 시간을 가져라. 그리고 이 문장을 완성해보라. "나는 이 부분에서 성공적이지 못하다. 왜냐하면……." 이 왜냐하면 뒤에 붙는 말이 바로 당신의 족쇄이다.

나는 항상 돈이 부족해. 왜냐하면 창조적인 사람은 돈에 연연하지 않기 때문이지.

나는 승진을 못했어. 왜냐하면 우리 회사 여자들에게는 '유리천장'이 있거든.

사업이 항상 적자야. 왜냐하면 경제가 안 좋거든.

나는 앞서 나가지 못해. 왜냐하면 출발부터 잘못됐기 때문이야.

내게는 성공적인 경력이 없어. 왜냐하면 충분한 교육을 받지 못했으니까.

족쇄의 정체를 확인했다면 이제는 그것을 풀 차례다. 이때 신념을 바꾸는 과정이 필요하다. 신념을 바꾸는 데 가장 효과적인 방법은 반대되는 증거들을 찾는 것이다. 자신의 족쇄에 정면으로 도전할 만한 사례들을 찾아내보라.

'창조적인 사람은 돈을 벌지 않는다.'라는 생각은 러셀 크로(Russell Crowe), 브리스 코트네이(Bryce Courtenay, 동명으로 영화화되기도 한 『파워 오브 원』의 작가―옮긴이), 카일리 미노그(Kylie Minogue) 등등 백만장자가 된 창조적인 인물들을 찾으면 해결된다. 여성에게는 유리천장이 있어 회사에서 승진하기 어렵다는 생각이 든다면, '보디 샵(Body Shop, 천연미용제품회사―옮긴이)'의 설립자인 애니타 로딕(Anita Roddick), 호주 금융통화위원이자 코카콜라 아마틸(코카 콜라 호주지사)의 이사인 질리안 브로드벤트(Jillian Broadbent), 오스트레일리아의 자수성가한 백만장자 가운데 하나인 줄리아 로스(Julia Ross) 등 정상에 오른 똑똑한 여성들의 사례를 찾아보라.

당신의 생각이 잘못됐다는 증거들은 얼마든지 찾을 수 있다. 자신은 출발부터 잘못됐기 때문에 제대로 해나갈 수 없다며 스스로를 제약하는 사람이라면, 이런 근거들을 몇 가지라도 갖게 마련이다. 예를 들자면, "내 친구들 중에서도 성공적인 아이들은 없었어."라는 식의 비관적인 생각들이다. 우리가 해야 할 것은 핑곗거리에 불과한 잘못된 사실들을 찾아내는 일이다.

미국의 백만장자 가운데 80% 이상이 예전에는 가난했다는 사실을 아는가. 이것은 당신에게 가난이 결코 성공의 방해물이 될 수 없다는 신념을 새로 심어줄 것이다. 자, 이제 또 어떤 족쇄가 남았는가?

너무 친숙한 것은 그 진가를 모르기 쉽다. 무엇이든 당연하게 여기다보면, 그것은 더 이상 우리를 자극하지도 동기부여를 해주지도 않게 된다. 해변이 바라보이는 멋진 집에 사는 이가 있었다. 하지만 멋진 풍경도 매일 보다보니 싫증이 나기 시작했다. 그러던 어느 날 친구가 방문을 했다. 친구는 "와! 정말 멋진 풍경이네."라며 감탄했다. 그때서야 그는 스스로가 행운아라는 것을 기억해냈다.

일이나 사업도 마찬가지다. 일을 시작한 날을 떠올려보라. 얼마나 흥분됐는가? 자랑스러워서 동네방네 떠들고 다니지 않았는가? 아직도 그처럼 흥분되고 자랑스러운가? 아니라면 그 이유는 무엇인가? 당신의 흥분을 가라앉히고 자부심을 깎아내릴 만한 일이 일어났는가? 아니면 단순히 '친숙함의 법칙'이 작용한 탓인가?

나는 사업을 시작하고 고객의 첫 문의를 받았을 때 너무나 흥분됐다. 그래서 고객이 전화를 끊기도 전에 한달음에 달려갔다. 나는 지금도 처음 그때의 에너지를 계속 유지하고 있다. 내 성공의 비결이 바로 그것이다. 오늘도 전화벨이 울리고 누군가 집을 팔고 싶다고 말하면 20년 전 그 말을 들었을 때와 똑같이 흥분되곤 한다.

✛ 자신에 대해 '성공' 점수를 매겨보라 ✛

일이 잘 안 풀릴 때 사람들은 늘 원망할 대상을 찾는다. 경제가 안 좋다거나, 파트너가 이해를 못해준다거나, 경쟁이 너무 극심하다거나, 가뭄 때문이라거나, 나 정도의 경력을 가진 이에게 적합한 일자리가 없다거나, 보스가 나를 좋아하지 않는다거나 등등.

자신의 문제가 그런 것들과 무관하다고 생각하는 이는 드물다. 사람들은 늘 외부 환경이 자신의 현재 상황을 가져왔다고 생각한다. 하지만 문제는 그런 외부 환경은 변화시킬 수 없다는 것이다. 중요한 건 스스로 통제할 수 있는 일들이다.

나는 강연할 때 청중들에게 자기 삶을 향상시키려면 어떻게 변화해야 하는지 생각해보라고 한다. 예를 들어 보험설계사들을 상대로 한 강연에서는 훌륭한 보험설계사의 조건에 대해 생각해보기를 권한다. 이미 그렇게 된 사람들의 강점은 무엇인가? 그들은 어떤 행동을 하며 어떤 습성을 지니고 있는가?

이런 의문점들을 중심으로 브레인스토밍을 하다보면 몇 가지 특성들이 간추려진다. 그들은 사람들을 조직화하는 능력이 뛰어나고, 에너지가 넘치고, 화술이 빼어나고, 상품에 대한 지식이 풍부하다.

다음 단계에서는 청중들 자신이 이런 속성들을 얼마나 많이 가졌는지 스스로 체크하게 한다. 0점부터 10점까지 점수를 매기는 방식이다. 물론 10점이 최고점, 0점이 최저점이다. 청중들이 정말 정직하게 응했다면, 그들의 점수는 대부분 5~7점 사이이다.

나는 질문한다. "조직화에서 6점이라…… 이래서 더 많은 고객을 모을 수 있을까요?" 대답은 물론 '노'다. "열심히 일한다는 5점…… 이렇게 해서 실적을 더 올릴 수 있겠어요?" 역시 '노'라는 대답이 대부분이다. "대화의 기술이 7점…… 이 정도의 화술이 상품을 홍보하는 데 도움이 될까요?" 이 질문에 대한 대답도 마찬가지다.

이쯤 되면, 청중들은 현재 자신이 처한 상황이 외부적 요인의 산물은 아니란 걸 즉각 알아챈다. 진짜 문제는 10점 만점에 6점짜리 인생을 살게끔 방치한 자기 자신이다.

하지만 개선의 여지는 얼마든지 있다. 이런 사실을 깨우치기만 해도 만점짜리 인생을 살아가는 데 도움이 될 것이다. 이처럼 점수를 매기며 스스로를 체크해봄으로써 자기 인생을 컨트롤할 수 있게 된다. 또 점수를 올리려면 어떻게 해야 하는지도 생각해보게 된다.

이 단계를 거치면 이제 계획을 짤 차례다. 나는 청중들에게 점수를 더 올리기 위해 할 수 있는 일들 몇 가지를 적어보라고 한다. 스스로에 대한 자각도 생기고 계획도 세워졌다. 앞으로의 변화에 필요한 것은 약간의 동기부여뿐이다.

나는 청중들에게 만일 모든 영역에서 8~10점을 받게 된다면, 자신의 삶이 얼마나 달라질지를 생각해보라고 한다. 점수가 올라갈수록 판매실적도 증가하고, 수입도 늘어나고, 재정상태도 좋아질 게 분명하다. 이렇게 모든 것이 향상되면 스스로를 더욱 존중하게 되고, 스트레스도 줄고, 인간관계도 개선될 것이다.

변화에는 미래에 대한 두려움뿐만 아니라 어느 정도의 고통이 수반되게 마련이다. 하지만 변화의 긍정적인 측면에 초점을 맞춰 생각하다보면 어느새 추진력이 생겨날 것이다. 변화가 가져다줄 포상을 생각해보라. 약간의 불편함쯤은 감수하고 지속적으로 노력하라.

1. 우선 자기 인생에서 개선하고 싶은 부분들을 떠올려본다. 인간관계, 경력, 재정상태, 영혼의 숭고함 등 아무거나 좋다.
2. 특정 분야에서 뛰어난 실력을 보이는 인물 하나를 정해 관찰한다. 그의 습관과 자질은 어떤가? 그런 이들의 속성을 목록으로 작성해본다.
3. 각 속성에 대해 0점부터 10점까지 점수를 매기는 방식을 이용해 스스로를 체크한다.
4. 8점 이하라면 그 분야의 점수를 올릴 계획표를 작성하라.
5. 자기 점수가 9점 이상이라고 상상해보자. 인생이 어떻게 달라지겠는가.
6. 변화를 감행하라. 그리고 이전과 결과를 비교해보라.

✛ 만족할 만한 수준이란 없다 ✛

물론 이 책을 읽는 독자들은 이미 자신의 일을 잘 처리해왔을 것이다. 자기계발을 위해 책을 읽는다는 것 자체가 벌써 노력하고 있다는 증거다. 그건 대단히 중요하다. 내 경험에 비춰볼 때 문제는 능력이 아니다. 더 중요한 건 계속 갈고닦는 것이다. 어느 정도 능력을 인정받은 뒤에도 계속해서 더 배워야 한다.

예전 UCLA 농구팀 코치였던 존 우든은 자기 팀에서 최고의 역량을 뽑아내는 법을 알고 있었다. 그는 전국대학생농구협회 선수권 대회에서 자신의 팀을 7연승으로 이끌었고, 결국 10차례나 우승시켰다. 이 대회는 세계에서 가장 경쟁이 치열하다. 하지만 우든의 선수들은 뛰어난 재능과 10대다운 고집으로 무장한 차세대 마이클 조던이었다.

우든은 집중력과 기본기를 유지하며 자신의 재능을 최대한 발휘하도록 선수들을 유도했다. 그는 시즌이 시작될 때마다 선수들을 모아놓고 숨은 기량을 최대한 발휘할 수 있는 플레이에 대해 얘기하곤 했다.

그는 말했다. "이 한 마디만 기억해주기 바란다. 이것은 모든 것을 다 알게 되고 난 뒤 최후에야 배우는 것이 될 것이다. 지금도 잘하고 있지만 앞으로 더 잘할 수 있을까?"

나는 이 말에 매우 감명 받았다. 그것은 앞만 보고 무작정 달리기만 하던 나를 잠시 멈춰 세운 얘기 가운데 하나였다. 전에는 유능해지고 나면 더 이상 배우지 않고 멈춰도 되는 줄 알았다. 하지만 이 말은 내 생각의 틀을 바꿔놓았다.

나는 누구보다 더 영감을 얻으려 노력하고, 자주 세미나에 참석하고, 많은 책과 비즈니스 잡지를 찾아 읽는다. 사람들은 "사업도 잘되고 있는데 뭘 그렇게까지 하느냐?"고 묻는다. 그럼 난 이렇게 얘기한다. "나를 한 단계 더 높은 곳으로 데려다줄 정보를 찾기 위해서다. 다음 단계의 아이디어를 찾아 팀원들에게 전달하고 매니저들과도 공유하고 싶다. 나는 그제보다 더, 어제보다 더 나아지고 싶다."

＋ 책 임 감 ＋

책임감은 인생의 목표를 향해 나아가도록 돕는 중요한 요소 중 하나다. 누구나 다른 사람을 실망시키고 싶지 않은 게 인지상정이다. 그래서 다른 사람에 대한 책임과 관련된 일이라면 끝까지 지킬 가능성이 한결 높아진다.

예를 들어 혼자 새벽 운동을 하기로 결심했다고 하자. 아무래도 알람시계를 꺼버리고 계속 자버릴 확률이 높다. 하지만 친구와 같이하기로 했다면 어떨까. 그 친구를 실망시키고 싶지 않기 때문에 억지로라도 일어나 운동하러 갈 것이다.

나는 팀원들 앞에서 내 목표를 공개적으로 선언해 책임감을 더욱 확고히 한다. 전략이 바뀔 때마다 일일이 공개한다. 이렇게 해두면 목표를 끝까지 밀어붙이게 된다. 그리고 다달이 비즈니스 코치를 만나 얘기를 나눈다. 우리는 지난 30일간을 되돌아보며 목표가 어느 정도 달성됐는지를 평가한다. 도중에 무슨 문제가 있었는지도 체크한다. 다음 목표는 무엇이며 어떤 걸림돌이 예상되는지에 대한 대책까지도 미리 생각해둔다.

만약 내게 대중연설을 할 기회가 생긴다면 추진하고 있는 사업과 목표에 대해 만천하에 공개할 것이다. 책임감을 강화시킬 수 있는 기회는 많다. 직장 동료, 배우자, 가족, 친구들과 함께하는 자리에서 목표를 한번 얘기해보라. 다른 사람들 앞에서 목표를 선언하고 나면 끝까지 추진하려는 의지가 더욱 불타오를 것이다.

+ 열정과 에너지와 끈기의 중요성 +

어떤 종류의 일이건 그걸 이뤄내는 것은 편집광적 사명감이다.
―피터 드러커

대부분의 사람들이 사업에서 성공하려면 재능이 있어야 한다고 말한다. 하지만 재산이나 재능마저도 열정을 당해낼 순 없다.

운동선수를 예로 들어보자. 우리는 재능 있는 선수가 승리에 대한 부담감 때문에 도태되는 경우를 종종 본다. 그들은 누군가가 조금이라도 앞질러나가면 금세 재기불능이 돼버리고 만다. 자아(ego)가 실력발휘를 하지 못하도록 방해하는 것이다. 때문에 재능은 좀 떨어지더라도 승리에 대한 열망에 불타고 있는 복병들에게 추월당하기 일쑤다.

사업도 마찬가지다. 성공에 대한 강렬한 열망이 있어야 한다. 놀라운 수완을 타고났는데도 일자리를 얻지 못하거나 근근히 연명만 하는 사업가들이 무수하다.

나는 지금도 출근할 때 20년 전과 똑같이 흥분된다. 그리고 팀원들의 발전과 고객의 즐거움에서 큰 보람을 느낀다. 사업은 내 삶과 밀접한 관련을 맺고 있다. 사업에서 얻은 만족감이 열정을 유지시켜준다.

사람들은 내게 "하루에 그렇게 많은 일들을 하면 피곤하지 않느냐?"고 묻는다. 그 물음에 나는 그저 미소를 짓는 걸로 답을 대신한다. 피곤한 것은 하루 동안 주어진 업무량 때문이 아니라 끝내지 못한 일들과 잡지 못한 기회 때문이다.

이런 상상을 해보자. 저녁 6시 반, 당신은 매우 지친 상태로 귀가했다. 열심히 일했지만 제대로 평가받지 못한 것 같아 괴로운 심정이다. 이때 전화벨이 울린다. 로또에 1등으로 당첨돼 이월상금까지 5백만 달러를 타게 됐으니 당장 돈을 찾아가라는 전화다.

당신은 아직도 피곤할까? 아니다. 피곤은 거짓말처럼 사라질 것이다. 공중으로 3피트 정도 뛰어오르고 난 후, 배우자를 안고 거실을 한 바퀴 돌며 짧은 왈츠라도 출지 모른다. 아마도 당신에게선 지난 몇 년간 겪어본 적이 없는 강한 에너지가 넘쳐날 것이다.

지금 당신이 방금 전만 해도 피곤에 지쳐 있던 그 사람이 맞는가? 아니면 여태껏 그처럼 흥분될 만한 일이 없었던 것인가? 이쯤 되면 내가 무슨 말을 하려는지 짐작할 것이다.

자신의 일에 대한 에너지가 부족하다면, 그 일이 스스로를 흥분시키지 못하기 때문이다. 그때는 열정을 되살릴 수 있는 계기가 필요하다. 피곤에 대한 가장 좋은 처방전은 열정과 흥분을 느낄 수 있는 일을 찾는 것이다.

열정과 에너지 못지않게 중요한 것이 끈기다. 여러 미덕들이 끈기 하나를 당하지 못한다. 성공으로 가는 길엔 숱한 돌부리들이 있다. 때문에 굳은 결의와 신념도 때때로 흔들리곤 한다.

내 사업도 탄탄대로만을 걷진 않았다. 집에 돌아가는 길이면 "그저 판매나 계속할걸. 그럼 이런 압력에 시달리지는 않았을 텐데……" 하는 생각이 들곤 했다. 그러나 상황에 대한 확신이 서지 않더라도 계속 앞으로 나아가야 한다.

스티븐 헨더슨은 우리 팀에서 가장 사랑받는 직원이다. 우리 사이에선 거의 전설적인 존재로 통한다. 이제부터 그의 끈기에 대한 일화를 들려주겠다.

그는 사업소장이다. 이것은 그가 나이 서른 살에 처음 얻은 직함이었다. 그는 정신분열증이 있었고 전통적인 의미에서의 학습이 느렸다(전통적인 의미라고 말하는 건, 그의 능력이 어떤 분야에선 탁월했기 때문이다. 예전에 초보 대상으로 '뛰어난 중개업자 양성을 위한 부동산 학교'를 운영한 적이 있었다. 그런데 첫날 아침 티타임 무렵, 스티브는 참가자 50명 전원의 이름을 다 외웠다).

스티브가 우리에게 준 교훈은 이렇다. 다음은 그가 직접 들려준 얘기이다. 어느 날 그는 한 기금모금행사에서 우리 이사 가운데 하나인 제임스 댁과 만났다. 스티브는 곧 제임스가 부동산 분야에서 일하고 있다는 것을 알게 됐다. 그러자 경력도 없고 병이 있음에도 불구하고 무작정 제임스에게 일자리를 청했다. 제임스는 가능한 한 도와주겠다고 말했다. 조만간 파트타임 자리가 생길지 모르니 나중에 연락해보라고 말이다. 물론 제임스의 말은 진심이었지만 이때만 해도 그에게 어떤 일을 줄 것인지 구체적으로 생각하진 않았다. 하지만 스티브는 당장 그 다음날 제임스에게 전화를 했다. 그러나 유감스럽게도 제임스는 그때 아무것도 해줄 수가 없었다고 한다.

스티브가 여기까지 자신의 경험담을 털어놓았을 때 나는 말했다. "지금 여기 있는 걸로 봐선 그후에도 제임스를 계속 졸랐겠구먼." 그는 너무나도 당연하다는 듯 나를 보며 "물론이죠."라고 대답했다(경영자들의 경험에 의하면 스티브 같은 사람들은 일자리 좀 달라고 한번 떼쓰고 나선 다시는 나타나지 않는 경우가 많다).

그는 하루에 여섯 번씩이나 독촉전화를 했다고 한다. 일할 기회를 놓치고 싶지 않았기 때문이다. 스티브는 결국 자신의 끈기와 열의에 대한 보답을 받았다. 그리고 그는 지금까지도 다른 팀원들에게 지속적인 자극제가 돼주고 있다.

성공이 가져다줄 보상을 생각하라

나는 물질적인 것들만을 추구하지는 않는다. 하지만 약간의 보상이 있을 때 동기부여가 더 잘된다는 생각에는 동의한다. 때문에 스스로에게 보상이 될 수 있는 게 무엇인지 끊임없이 생각한다. 내가 원하는 건 여유로운 여행, 열정을 바칠 수 있는 일, 안정된 집 등이다. 그런 것들을 생각하면 흥분되고 에너지가 솟구친다.

성공한 사람들의 이야기를 읽는 것은, 계속 동기를 부여하고 열정을 유지하게끔 하는 또 다른 방법이다. 그래서 주로 자서전이나 잡지 등을 읽는다. 특히 깜짝 놀랄 만큼 두드러진 일을 해낸 사람들의 얘기를 좋아한다.

또한 나는 긍정적인 에너지를 불러일으키는 노래를 듣는 걸 좋아한다. 차에서도 항상 그런 노래들을 듣는다. 집에서 회사까지는 차로 3분밖에 걸리지 않지만, 노래 한 곡 정도는 들을 수 있다. 그렇게 하면 어느 때보다도 하루를 기운차게 시작할 수 있게 된다.

✛ 인생에도 복리(複利)의 법칙이 통용된다 ✛

복리 금융상품이 부를 키우는 데 얼마나 유리한지는 다들 알고 있다. 은행에 돈을 예금하면 한 달 뒤엔 원금에 대한 이자가 붙는다. 그 다음달에는 원금에 대한 이자와 동시에 한 달 전 발생한 이자에 대한 이자도 생겨난다. 투자한 돈이 착실하게 불어나 기하급수적으로 커진다. 이런 것을 복리라고 한다.

인생도 마찬가지다. 다른 사람들에게 투자한 에너지에는 이자가 붙어 되돌아온다. 그래서 더 많은 에너지를 쏟을 수 있게 된다. 결과적으로 훨씬 많은 에너지를 돌려받게 된다.

이제부터라도 고객에게 양질의 서비스를 제공하고, 직원들에게 합당한 보상을 하고, 더 좋은 업무환경을 조성하라. 이런 투자를 계속한다면 머지않아 사업이 크게 번창할 것이다.

큰돈을 들여 투자한다고 해서 다 좋은 게 아니다. 작은 일들이 누적돼 일어나는 효과를 과소평가해선 안 된다. 방문객들을 맞는 미소, 벨이 두 번 울릴 때 전화 받기, 화장실 청결 유지…….
이런 것들에는 대부분 돈이 들지 않는다.

사실 어떤 사업이든 고객과 의사소통하는 과정은 기본적으로 비슷하다. 대부분 고객을 만나 제품을 보여주고, 구매 조건을 협상하는 방식이다. 하지만 협상 중 어떻게 하느냐가 관건이다. 자사의 제품을 차별화시키는 것이 무엇보다도 중요하다.

＋ 실패에서 교훈을 얻어라 ＋

장애물을 넘어 인생을 계속 항해하려면 그것을 재앙이나 당혹
스러움이 아닌 하나의 교훈으로 바라봐야 한다. 성공이 아무 실
패도 없이 이뤄진다는 건 잘못된 생각이다. 실패는 인생의 가장
중요한 한 부분이다.

20년 이상 사업을 해오며 이런 일 저런 일을 참 많이도 겪었다.
지금 보면 실패하거나 거절을 당했던 그동안의 경험이 나를 사업
가로서 한층 성숙하게 만들어주었다는 생각이 든다.

결코 실패만은 겪고 싶지 않다는 사람들이 있다. 실패가 두려
워 시작조차 하지 않는 이들도 많다. 하지만 실패를 배움과 성장
의 기회로 삼을 수 있어야 한다. 그것은 반드시 큰 가르침을 주기
때문이다. 물론 일을 그르치거나 엄청난 실수를 하고 나면 괴롭
게 마련이다. 그때는 영감이 넘치고 긍정적인 인물을 곁에 두면
좋다. 반드시 회사 직원일 필요는 없다. 친구나 가족이라도 상관
없다. 그런 이들과 함께하다 보면 뭔가 중요한 것을 깨닫게 된다.

초창기에 큰 실수를 한 적이 있다. 함께 일하던 좋은 친구가 있었다. 나는 그를 철석같이 믿었다. 친구여서가 아니라 대단히 뛰어난 경력의 소유자였기 때문이다. 하지만 18개월 뒤, 난 그에게 완전히 속았다는 사실을 깨달았다. 그가 2만 5,000달러를 횡령한 것이다. 지금으로서는 그리 큰돈이 아닐지 모르지만 그 당시 내게는 어마어마한 액수였다. 이 일은 내게 엄청난 충격을 주었다.

그러나 나는 긍정적인 마음을 유지한 채 이 일에서 교훈을 찾으려 노력했다. 당시 나는 수표에 서명하는 일을 다른 사람에게 위임하고 있었다. 그것이 바로 나의 잘못이었다. 이 사고가 있은 후로 난 회사의 모든 시스템을 재정비하고 엄격한 재정정책을 수립했다. 지금도 투명한 자금 사용과 검소함을 모토로 사업을 운영해나가고 있다. 만약 그때의 실패가 없었더라면 지금과 같은 발전은 이룰 수 없었을 것이다.

+ 두드리지 않으면 열리지 않는다 +

내가 한 일 가운데 가장 성공적인 것 중 하나가 바로 호주부동산협의회(AREC)의 결성이다. 이것은 남반구에서 가장 큰 부동산협의회로 호주, 뉴질랜드, 심지어 미국에서까지 1,500여 명의 대의원들이 모여들었다. 어느 날 우연히 던진 말 한마디가 이 모임의 발단이 됐다.

나는 미국 최고의 중개인들이 모이는 한 소규모 부동산 워크숍에 참석하기 위해 정기적으로 미국에 가곤 했다. 하루는 시카고 포시즌스 호텔에서 그들의 얘기를 듣고 지혜를 나누다가 문득 이런 생각이 들었다. '이들을 만나 사업에 대한 생각과 운영방식에 대한 얘기를 들을 수 있다는 건 얼마나 행운인가. 우리 회사 직원들도 함께 들을 수 있다면 좋을 텐데.'

그날 아침 티타임에 나는 이 행사의 간사이자 사업 초창기 내 멘토였던 프레드 그로스 박사에게 말했다. "프레드, 당신들의 얘기를 들을 수 있어서 정말 영광입니다. 우리 회사 직원들과 함께 들을 수 없다는 점이 좀 유감이긴 하지만요. 그분들이 모두 오스트레일리아로 건너와 우리 팀원들 앞에서 강의한다면 얼마나 멋질까요."

그것은 그리 심각한 제안이 아니었다. 그저 지나가며 던진 말에 불과했다. 때문에 나는 프레드가 "그래? 그렇다면 한번 물어봄세."라고 말하자 오히려 당황했다. 이들은 한 해에 수백만 달러씩의 수입을 올리는 이른바 세계적인 부동산 중개인들이었다. 그들의 귀한 시간을 낭비하게 하고 싶지는 않았다. 내가 애써 해명을 했지만 소용 없었다.

티타임이 끝났다. 드디어 프레드가 운을 뗐다. 나는 매우 불편한 심경으로 말하기 시작했다. "이런 요청을 드리게 돼서 유감입니다만, 혹시 오스트레일리아로 건너와 제 팀원들에게 이 멋진 연설을 해주실 수 있는 분 계십니까?" 그러자 방에 있던 사람들이 모두 고개를 끄덕이며 하겠다고 말했다. 나는 놀라 자빠질 지경이었다. 믿을 수가 없었다. 5분 전만 해도 공상에 지나지 않던 일이 졸지에 현실이 돼버린 것이다.

내가 항공료, 숙박비, 경비를 부담하는 조건으로 1년 안에 그들 중 6명이 오스트레일리아로 와서 우리 팀원들에게 강의하는 데 합의했다. 문제는 내가 비용을 부담할 능력이 없다는 점이었지만 말이다. 나는 동종업계의 친구들을 모아 함께 강의를 듣는 조건으로 비용을 분담하기로 했다.

입소문이 퍼지면서 어느새 강의 참석자는 60명으로 늘어났다. 우리는 비용의 절반가량을 조달할 수 있었다. 그게 AREC의 시작이었다. 지금 AREC는 전 세계 수십 명의 최상급 부동산 전문가들을 확보하고 있다.

꿈을 현실로 만드는 것은 두드려보느냐 마느냐의 문제이다. 내게도 의혹은 있었다. 또한 난 비용을 지불할 능력조차 없었다. 하지만 두드리지 않았더라면 어떤 일도 일어나지 않았을 것이다. 일단 먼저 물어보고 '예스'라는 답을 받아내라. 그러고 나서는 일을 훌륭히 성사시키기만 하면 된다.

지금 사업이나 인생에 대해 무언가를 구상하고 있다면 절대 그 단계에서 머물지 마라. 그것이 위대한 일의 씨앗이 될 수도 있다. 자신의 아이디어에 산소를 불어넣어 살아나게 하라. 위험을 감수하고 질문을 던져라. 아마도 답은 '예스'일 것이다.

4
사업의 기초는 체력

사업가로서의 성공 비결을 말하다가 느닷없이 건강과 체력에 관한 얘기가 나와 의아해하는 독자들도 있을 것이다. 그리고 일부 독자들은 이 장을 뛰어넘어 곧장 판매와 경영에 관한 부분으로 넘어가고 싶을지도 모른다. 하지만 진짜로 그렇게 한다면 나중에 크게 후회하게 될 것이다. 건강과 정력적인 에너지 없이는 사업가로 성공할 수 없기 때문이다.

일정 수준 이상의 활력과 신체적·정서적인 '웰빙'을 유지하는 일은 사업에서 성공하기 위한 기본이다. 리더의 활력이 팀 전체에 얼마나 긍정적 영향을 미치는가는 나중에 더 자세히 살펴보기로 하겠다.

사업이란 그 자체가 목표는 아니라는 점을 기억하라. 훌륭한 사업이란, 훌륭한 인생의 한 부분으로써 가치가 있는 것이다. 판매 실적이 높은 훌륭한 사업가라도 통장에는 돈 한 푼 없을 수도 있다. 하지만 그건 건강을 잃는 것에 비하면 대수롭지 않은 일이다. 건강을 잃는 것은 인생 전체를 잃는 것과 같다.

사업의 요건으로는 3가지가 있다. 첫째, 사업이 스스로의 삶에 교훈을 줄 수 있어야 한다. 둘째, 지역사회와 세계에 기여할 수 있어야 한다. 마지막으로 재미있고 신나는 삶을 살 수 있도록 경제적인 뒷받침을 해줘야 한다.

하지만 일단 건강을 잃으면 이런 요건들을 충족시킬 수 없다. 만약 죽을병에라도 걸린다면 사업이 잘돼서 많은 이익을 얻은들 무슨 소용이 있겠는가.

많은 사람들이 무분별하게 아무거나 먹고, 불규칙적인 생활을 하는 등 자신의 건강을 소홀히 하고 있다. 하지만 이제껏 그렇게 했더라도 너무 걱정할 필요는 없다. 대부분 90일 이내에 다시 건강해질 수 있기 때문이다. 지난 10~15년간 스스로를 혹사시켰더라도 석 달이면 충분하다. 필요한 건 간단한 계획표와 약간의 훈련뿐이다.

+ 식 생 활 관 리 +

우리 건강이 음식에 좌우된다는 것은 분명한 사실이다. '다이어트(Diet)'란 용어를 쓰고 싶진 않다. 순식간에 살이 빠지지만 금세 원상태로 돌아간다는 부정적인 뜻을 내포하기 때문이다. 게다가 다이어트는 대부분 꾸준하지도 못하다. 나는 그보다 '식생활 관리'라는 말을 더 좋아한다. 건강한 식생활이란 식단, 식사량, 식사 시간 등을 꾸준히 관리하는 것이라고 본다.

맛있지만 몸에 좋지 않다고 알려진 음식들이 있다. 사실 그것들은 다 먹어도 괜찮다. 너무 자주 먹지만 않는다면 말이다. 그리고 함께 섭취하는 다른 음식들이 모두 신선한 건강식이라면 무방하다. 일단은 식단 짜는 법에 대해서 설명하기로 하겠다.

우선 맛있으면서도 건강에 도움이 되는 식단을 작성해보라. 내 아침 식단을 예로 들어보겠다. 신선한 과일, 요구르트, 포리지(오트밀에 우유 또는 물을 넣어 만든 죽-옮긴이), 바나나, 과일을 갈아 넣은 콩 스무디, 얇게 자른 토마토, 베지마이트(오스트레일리아 특유의 걸쭉한 콩 잼-옮긴이)를 넣은 토스트 등이다. 익혀먹는 음식으로는 시금치와 아보카도를 곁들인 달걀흰자 오믈렛이 있다.

다이어트가 흥미진진하려면 선택의 여지가 충분한 리스트를 작성해야 한다. 그렇다고 너무 많은 음식을 식단에 올리는 건 좋지 않다. 혼란을 초래할 수 있어서다. 끼니별로 6~10가지 정도면 적당하다. 일단 리스트를 짜놓고 끼니때마다 그 가운데서 고르기만 하면 된다. 그렇게 하면 질 좋고, 신선하고, 살찔 염려도 없는 음식들로 꾸준히 영양을 공급받을 수 있다.

나는 월요일부터 금요일까지는 이렇게 제한된 메뉴들로 철저히 식생활 관리를 한다. 하지만 주말이 되면 뭐든 먹고 싶은 걸 먹는다. 중국요리, 피자, 햄버거, 도너츠 등 마음 내키는 대로 즐긴다.

그렇지만 자유롭게 먹는다고 해서 정크푸드(패스트푸드 등 영양 결함이 심한 음식—옮긴이)만을 먹지는 않는다. 실컷 먹고 난 뒤에는 결국 리스트에 있는 음식으로 되돌아간다. 주말까지 건강에 신경 쓰느라 그러는 게 아니다. 건강 식단에 익숙해진 몸이 자연스레 균형을 찾으려 하기 때문이다. 이렇게 대부분의 끼니를 질 좋은 음식으로 때우다 보면 영양가 낮은 음식이나 간식거리는 점차 멀리하게 된다.

나는 식단관리로 질 좋은 음식을 섭취하는 것 외에도 매일 영양보충제를 먹는다. 우리가 먹는 음식의 대부분은 토질 저하와 농약으로 인해 영양소와 비타민 함유량이 낮다. 때문에 영양보충제로 부족한 영양을 보충한다. 나는 아침마다 복합비타민 코엔자임 Q10과 아마씨 기름을 먹는다. 독자들도 자신에게 맞는 영양보충제를 찾아 복용하기 바란다.

마지막으로 당부할 말은 먹고 싶은 양의 3분의 2쯤 먹었을 때 숟가락을 놓으라는 것이다. 과식은 건강의 최대 적이다. 왜 과식을 하게 됐을까? 우리는 어렸을 때 자기 몫의 밥을 다 먹기 전에는 식탁에서 일어나지 못하게끔 배웠다. 유감스럽게도 어른이 된 후에도 이런 습관을 버리지 못하고 있다. 그 결과로 비만이 유행병처럼 번지게 된 것이다.

나는 아침을 먹으러 식당에 가도 메뉴판을 보지 않는다. 무엇을 먹을지 이미 정해놨기 때문이다. 만약 그 음식들을 즉시 가져다주지 못한다면, 일단은 비슷한 걸 시키지만 다시는 그곳을 찾지 않는다.

+ 운동과 유연성 +

디팩 쵸프라(양자물리학과 생명학을 결합시킨 미국의 학자-옮긴이)는 언젠가 건강식을 먹으며 운동하지 않느니 정크푸드를 먹으며 운동하는 쪽을 택하겠다고 말했다. 세계적인 웰빙 전문가의 이 말은 운동이 얼마만큼 중요한지를 잘 설명해준다. 불행하게도 대부분의 사람들이 학창시절에 했던 운동이 마지막인 경우가 많다.

사람들은 흔히 운동이 재미없고 지루하다고 생각한다. 어느 정도 일리는 있다. 만약 자신이 운동선수라면 힘든 순간도 참아내야 마땅할 것이다. 하지만 그저 삶의 질을 높이기 위해 하는 운동이라면 즐겁고 재미있어야 한다.

적어도 일주일에 3번, 1번에 30~60분 정도는 운동해야 한다. 그저 즐길 수 있고 고되지 않은 수준이면 된다. 아유르베다(고대 인도의 의료진-옮긴이)는 운동을 하다 어떤 고통의 경지에 오르게 되면 득보다 실이 더 많아진다고 가르쳤다. 테니스, 서핑, 프리스비(원반을 던져 개에게 물어오게 하는 게임-옮긴이) 등 자신이 정말 즐길 수 있는 운동을 찾아서 적당히 하는 게 좋다.

운동을 할 때 고려해야 할 요소는 3가지다. 유산소(에어로빅), 체력강화, 유연성이다. 심혈 관계를 강화시켜주는 유산소 운동은 달리기, 자전거 타기, 수영 등 땀이 흘러 숨이 차게 되는 것들이다.

지구력과 체력을 강화시키는 운동이 호르몬계를 자극한다는 연구결과는 많이 나와 있다. 운동은 단순히 체력을 강화시키는 데만 그치지 않는다. 생리학적으로 긍정적인 효과를 낸다. 그러나 이것만으로는 완벽한 건강체라고 할 수 없다. 여기에 유연성이 보태져야 한다. 체육관에서 막 빠져나온 것 같은 근육맨들 중에도 손가락이 자기 발끝에 닿지 않는 이들이 있다.

3가지 요소가 조화를 이루도록 계획을 세우는 것은 매우 중요하다. 요가, 필라테스(20세기 초 독일의 조셉 필라테스가 창안한 동양의 요가와 서양의 스트레칭을 결합한 운동 - 옮긴이), 스트레칭 등을 통해서는 유연성을 기를 수 있다. 방법이야 어쨌건 이 유연성 기르기를 빠뜨려서는 안 된다.

일단 시작부터 해보라. 점심시간에 밖에 나가 주변을 한 바퀴 돌고 들어오는 것도 좋다. 가까운 거리라면 엘리베이터를 타지 말고 계단을 이용해라. 그처럼 사소한 것들이 나중에는 정말 커다란 차이를 가져온다.

나는 일을 시작하기 전에 운동하는 걸 좋아한다. 아침 운동은 생리학적으로도 좋지만 시간관리에도 유리하다. 또한 업무가 끝난 후에는 술이나 한잔하러 가자거나 영화 보러 가자는 주변 사람들의 제안에 금세 마음이 흔들려버리는 게 인지상정이기 때문이다.

+ 수면 +

매일 밤 양질의 잠을 적당량 자는 것은 신체의 회복과 재충전에 필수적인 일이다. 사람마다 각자 필요로 하는 수면량이 다르지만, 대부분 6~8시간 정도면 충분하다. 밤마다 적당한 수면을 취하는지 반드시 점검해야 한다.

자정 이전의 잠이 자정을 넘긴 잠보다 훨씬 양질의 수면이다. 가능하면 자정 이전에 몇 시간이라도 눈을 붙여둬야 한다. 물론 잠을 잘 이루는 체질을 타고난 사람은 없다. 종종 잠을 잘 못 드는 사람을 보는데 그건 수면 습관이 잘못됐기 때문이다. 쉽게 곯아떨어질 수 있도록 자신에게 맞는 잠자리 의식을 마련해두는 것도 도움이 된다.

어떤 사람들에겐 잠자리에 들기 전의 운동이 그런 의식이 될 수도 있다. 하지만 운동을 하면 오히려 수면을 방해받는 이들도 있다. 또 어떤 이는 라벤다 오일을 섞은 따뜻한 물로 목욕을 하거나 베개에 오일 한 방울을 떨어뜨리면 잠이 잘 오기도 한다. 이런저런 실험을 통해 자기에게 가장 잘 맞는 숙면 의식을 찾아내자.

마지막으로 잠자리에 들기 전 2시간 동안은 아무것도 먹지 말아야 한다. 신체가 음식을 소화하기까지는 2~4시간가량이 걸린다. 잠자기 전에 신체가 저녁식사를 충분히 소화할 수 있도록 해줘야 한다.

＋ **명상** ＋

올바른 식생활, 규칙적인 운동, 숙면만으로도 신체는 최고의 상태에 도달할 수 있다. 그리고 그로 인해 기분도 항상 좋은 상태로 유지된다. 하지만 정신적인 면까지 염려한다면 여기에 뭔가를 더 추가해야 한다. 바로 명상이다.

명상이라고 하면 무턱대고 흘러내리는 예복, 구레나룻, 향료로 가득 찬 방을 상상할 냉소주의자들을 위해 내가 초월명상(TM)을 시작하게 된 얘기부터 해주겠다.

1991년 나는 압박감에 시달리고 있었다. 사업은 감당할 수 없을 정도로 빠르게 팽창해나갔다. 결국 난 스스로를 통제할 수 없는 지경에 이르렀다. 직원 수는 2배로 늘어났고(그래봤자 15명 남짓이었지만) 전문가들은 저마다 부동산 시장이 엄청난 활황이라고 말했다. 내가 받는 스트레스는 엄청났다.

그때 우리 영업사원 가운데 유난히 평온하고 자신감 넘치는 사람이 있었다. 아마 그도 내 상황에 대해 뭔가 느꼈던 모양이다. "요즘 기분 어떠세요?" 그는 마치 무슨 신호라도 받은 양 말했다. "약간 스트레스를 받지 뭐." 나는 극도로 자제하며 말했다.

그러자 그는 "초월명상(TM)에 대해 한번 알아보시죠. 제가 요 몇 주 동안 해봤는데 인생이 바뀌었습니다."라고 충고했다.

독자들은 어떨지 모르겠지만 나는 "인생이 바뀌었다!"는 말에 귀가 쫑긋 선다. 내게는 변화가 필요했다. 하지만 나는 그저 조금 관심이 있는 척만 했다. 내 마초적인 겉모습(그때 이후로 내다버린 지 오래지만) 속에 숨은 민감함을 들키지 않기 위해서였다. 명상센터는 우리 회사에서 50미터도 채 안 되는 거리에 위치한 커다란 테라스 하우스 안에 있었다.

나는 대단히 종교적인 사람은 아니지만, 초월명상이라니 꽤 우려가 됐다. 그건 꼭 새로운 이교도의 한 종파와 연관 있는 것처럼 들렸다. 그것은 전혀 내가 추구하는 바가 아니었다. 하지만 이런저런 것을 따져 묻기에는 이미 내 호기심이 너무 왕성해져 있었다. 그 인생을 바꿨다는 말이 아직도 귀에 쟁쟁했으니 말이다.

처음 전화를 걸었을 때는 너무 예민했던 탓에 전화벨이 2번 울리자 그만 수화기를 내려놔버렸다. 다시 전화를 걸었을 때도 마찬가지였다. 그런데 이런 행동을 계속하던 중 깜짝 놀랄 일이 벌어졌다. 신호가 가는 소리도 들리지 않았는데 누군가 저편에서 대답을 한 것이다. 나는 너무 놀라서 또 다시 전화를 끊어버렸다.

나는 내 행동에 죄책감을 가졌다. 그리고 결국 용기를 내 명상센터를 방문하기로 결심했다. 그날따라 날씨가 화창했다. 영화의 한 장면처럼 성스러워 보이는 햇살이 명상센터 테라스 앞쪽의 정원을 비추고 있었다.

내가 노크를 하자 한 남자가 문을 열었다. 나는 "탐 놀스 씨 좀 뵐 수 있을까요? 제 이름은 존 맥그레이스입니다."라고 말했다. "어서 와요, 존. 내가 탐 놀스입니다. 기다리고 있었어요." 그가 대답했다. 나는 소스라치듯 놀랐다. 내가 찾아올 줄을 알고 있었단 말인가. 그가 나의 혼란을 꿰뚫어보듯 말했다. "최근에 당신 얼굴을 신문에서 봤어요. 사업이 급속도로 번창하고 있다더군요. 그런데 사진 속의 당신은 스트레스를 많이 받는 것 같았어요. 머지않아 내게 도움을 청하러 오겠다 싶었죠."

나는 사진 1장으로 상대의 심리까지 읽어내는 그의 능력에 크게 감복했다. 또한 그의 겉모습에 마음이 편안해졌다. 상상과는 달리 그는 이탈리아제 멋진 수제양복에 날렵하고 신기 편한 비즈니스 슈즈 차림이었다. 나는 탐이 내준 신선한 녹차 한 잔을 마시며 인생과 사업과 건강을 비롯한 그밖에 흥미로운 것들에 대해 이야기를 나눴다. 그리고 다음날 아침부터 트레이닝을 받기로 했다.

처음 명상에서의 느낌은 대략 이랬다. 15분쯤 지나니 내 속에서 힘찬 에너지와 고요함의 양면적인 감정이 동시에 일어나는 듯했다. 이제껏 한 번도 느껴본 적이 없었던 가장 멋진 감정이었다.

여기서 그 과정을 세세하게 다 묘사하지는 않겠다. 명상을 통해 이전의 두려움과 편견을 극복했다는 걸 알리는 게 더 중요하다. 정보를 얻는 건 어렵지 않다. 관건은 망설임을 넘어 행동을 취하는 것이다.

탐 놀스에 대한 이야기를 조금 덧붙이자면, 우리는 절친한 친구 사이가 됐다. 나는 몇 년 후 탐의 결혼식에 들러리를 서주었다. 그리고 여전히 명상을 계속하고 있으며 그로 인해 지금껏 사업과 인생 양면에서 톡톡히 덕을 보고 있다.

✛ 내적 평온 ✛

내가 명상에서 얻은 것 중 가장 큰 건 내적 평온이다. 세상은 혼란스러운 곳이며 사업의 세계도 예외는 아니다. 혼돈의 와중에는 매 순간 이런저런 생각들이 빗발치게 마련이다. 명상이란 가만히 앉아 이런 생각들을 놓아줌으로써 내적 평온을 위한 공간을 만드는 일이다.

그런 고요한 공간 속에서는 자연스레 마음의 정화작용이 일어난다. 우리의 무의식 속에는 자신도 깨닫지 못한 지난 몇 년간, 또는 몇 십년간의 상처와 스트레스가 담겨 있다. 명상을 하다가 몇 년 전 누군가가 우연히 내뱉은 한마디가 떠오를 수도 있다. 심지어 친구가 5년 전에 무심코 던진 말이 생각나기도 한다.

미처 깨닫지 못했던 문제들이 의식의 수면 위로 떠오른다. 그렇게 어느 정도의 시간이 흐르고 나면 정신적 긴장이 가시기 시작하고 이내 사라져버린다. 그러면 안도를 느끼게 되고 마음도 한결 가벼워진다. 어떻게 그런 일이 일어나는지는 설명할 수 없다. 하지만 그 일이 일어난 건 분명하다. 그것은 무의식 속에서 더 이상 유용하지 않은 것들을 청소해내는 하나의 과정이다.

명상은 하루에 2번 정도 하는 게 이상적이다. 하지만 나는 한 번밖에 하지 못한다. 그래도 다른 유용한 것들이 그렇듯 아예 안 하는 것보다는 낫다. 1회 강습시간은 대략 15~20분 정도이다. 짧게 느껴질 수도 있겠지만, 누구나 이 시간 안에 명상법을 터득하게 되리라 믿는다.

명상은 정신적인 면뿐만 아니라 사업에도 여러 가지 이득을 가져다준다. 스트레스를 받은 후에도 평정을 되찾게끔 도와준다. 마음이 맑아지고 사고도 명료해진다. 결국 이전보다 훨씬 더 사업에 집중할 수 있게 되는 것이다.

인생의 토대

운동, 명상, 목표 수정, 올바른 식습관 등은 우리 인생의 토대이다. 일이 잘 안 풀리고 있다면 이러한 기본적인 것들부터 점검해보라. 가벼운 산책을 하거나 혼자만의 시간을 갖는 것도 목표를 되새겨보는 데 반드시 도움이 될 것이다.

＋ 스트레스 관리 ＋

사업과 인생에서 최적의 성과를 올리기 위해서는 스트레스를 최소화하는 법을 익혀야 한다. 성공으로 가는 길 곳곳에는 위기가 도사리고 있게 마련이다. 그런데 항상 스트레스가 쌓여 있다면 이런 문제들을 다루기 어려워진다. 스트레스 속에선 창의적인 생각이 나올 수 없다. 갈등 상황에선 사업을 향상시키기가 어렵다.

나는 20대 초반에 너무 많은 스트레스를 받아서 위궤양이 생겼다. 사업을 시작한 지 얼마 되지 않아 여러 재정적 문제에 직면한 것이다. 그리고 경험이 없다는 점 때문에 더 힘들었다. 그냥 직원으로 있을 걸 하는 생각도 종종 했다. 난 좌절했다. 하지만 그 시기를 재앙이 아닌 선물로 받아들이자 모든 것이 바뀌었다.

스트레스는 사건과 상황에 대한 스스로의 반응에서 생겨난다는 것을 알아야 한다. 사건과 상황 그 자체가 스트레스를 만든다기보다는 어떻게 받아들이느냐가 그것을 결정한다. 예를 들어 시즌 최고의 플레이를 선보이는 스포츠맨들이 결승전에 올랐다고 하자. 그들 중 어떤 이들은 영웅심에만 도취돼 자신의 실력을 보여주고 싶어 안달이 나 있을 것이다. 그런가 하면 경기 자체를 지나치게 부담스러워하는 선수들도 있다. 두 부류 모두 엄청난 심적 부담으로 경기를 잘해낼지 스스로를 의심하게 된다.

이처럼 사건이나 상황에 대해 의미를 어떻게 부여하느냐에 따라 스트레스를 줄일 수 있다. 어떤 상황 속에서도 '선물'을 발견하라는 게 내 충고다. 늘 이런 식으로 질문하라. 여기서 과연 어떤 좋은 일이 일어날까? 이 상황에는 어떤 보상이 따를까? 찬찬히 뜯어보면 항상 선물을 발견할 수 있다.

참혹한 비극 속에도 선물은 숨어 있다. 배우자가 떠나가고 인생이 무의미해져 엄청난 회의에 휩싸일 때도 그렇다. 관점을 바꾸면 배우자가 남기고 간 의미 있는 것들을 찾아낼 수 있다. 두 사람의 관계는 서로에게 좋지 않았던 것이다. 거기서 풀려났으니 이제부터는 더 적합한 사람을 만나 한결 나은 관계를 만들 수 있다. 물론 고통은 따르겠지만 긍정적으로 생각해본다면 새로운 가능성이 여기저기서 솟아오를 것이다.

돈이 없어 청구서 대금을 치르지 못하는 경우는 어떤가. 비참한 상황이지만 이 속에도 선물은 숨어 있다. 자신의 무절제를 깨달은 그 사람은 예산을 세우기 시작할 것이다. 돈이 없어 초라해진 상황 속에서 겸손을 배울 수도 있다. 철저한 재정관리의 필요성을 느끼고 이런 일이 다시는 일어나지 않도록 열심히 일할 것이다.

그러한 선물을 찾아내다 보면 점차 긍정적인 사람이 된다. 또한 스트레스도 단번에 날려버릴 수 있게 된다. 지금 당장 시작하라! 지금까지의 문제들은 더 이상 문제가 되지 않는다. 거절 역시 마찬가지다. 10번의 시도가 거부만 당했다면? 상관없다. 아직 11번째 시도가 남아 있다. 아직 당신이 받아들여질 가능성은 남아 있는 셈이다.

＋ 존 웨인 흉내를 내지 마라 ＋

서부 영화에 나오는 존 웨인의 캐릭터를 대부분 알고 있을 것이다. 그처럼 모든 고난을 참고 견디며 혼자서 모든 문제를 떠안

지는 마라. 백짓장도 맞들면 낫다는 속담이 있지 않은가. 물론 어떤 상황에서는 선물을 찾기가 매우 힘들지도 모른다. 그때는 멘토, 비즈니스 코치, 동료, 친구, 배우자의 시각을 빌려 사물을 다르게 바라볼 필요가 있다.

내게 멘토나 코치의 조언은 여러 가지 난제를 푸는 데 큰 도움이 됐다. 난 새로운 문제가 생기면 비즈니스 코치를 찾아가곤 했다. 나에게 그는 때로는 묵묵함으로, 때로는 객관적인 시각으로 문제를 극복할 수 있도록 도와주었다. 나는 그에게 조언을 받고 한결 가볍고 행복해진 마음으로 고민했던 문제가 그리 큰 문제는 아니었구나 생각하며 돌아왔다. 물론 그후에도 문제는 변하지 않는다. 15분 만에 변할 수 있는 건 별로 없기 때문이다. 하지만 문제를 바라보는 시각은 분명 변한다. 또한 그런 시각으로 문제를 다시 바라보기 시작하면 그와 관련된 에너지까지도 변하게 된다.

＋ 균 형 ＋

사업에만 너무 몰두하다 보면 인생의 균형을 잃을 수가 있다. 사업이란 배움과 인간적 성숙을 위한 멋진 도구일 뿐만 아니라 부의 창출을 위한 도구이기도 하다. 그것은 인생에 있어 빼놓을 수 없는 중요한 부분이다. 하지만 인생이란 살아가는 일 그 자체이지 사업은 아니다.

말할 필요도 없이 사람들이 인생의 끝에서 지난날을 돌아볼 때 사무실에서 더 많은 시간을 보내지 못한 것을 후회하는 경우란 없다. 대부분의 사람들은 이렇게 말할 것이다. "혼자 또는 친한 친구들과 좀더 많은 조용한 시간을 보낼 것을. 좀더 공원을 산책하고 좀더 자연을 즐길 것을. 좀더 자주 아이를 데리러 학교로 갈 것을."

인생에는 늘 고통이 따른다는 것을 기억하라. 나는 인생을 반쪽밖에 살지 못했노라며 후회하는 고통보다는 내가 살고 싶은 균형 잡힌 삶을 위해 스스로를 절제하는 고통을 택할 것이다. 후회하는 고통이 훨씬 크기 때문이다.

사람들은 열심히 일해야 성공한다는 믿음 때문에 종종 과로한다. 더 열심히 일할수록 더 많은 것을 성취한다고 흔히들 생각한다. 나도 사업을 시작할 땐 그렇게 생각했다. 나는 "60시간을 일하는 이가 성과를 향상시키고 싶다면 80시간 일을 해야 하고, 더 잘하고 싶다면 90시간 일해야 한다."고 생각했다.

나는 주말에도 미친 듯이 일했다. 곧 내 일은 나를 소모시켰다. 나는 탈진했고 따분해졌다. 그래서 그 믿음을 바꿔야 했다. 고객들은 균형잡힌 삶을 사는 재미있는 사람과 일하고 싶어하지 지루한 일중독자들을 상대하고 싶어하는 게 아니라고 속으로 다짐했다.

물론 나는 아직도 열심히 일하는 것이 성공의 분명한 한 요소라고 믿고 있다. 하지만 일 말고 다른 흥미를 가지고 삶의 균형을 유지하는 것이 훨씬 더 효율적으로 일하게 만든다는 사실도 알고 있다. 직원들도 일중독자에다 건강도 안 좋고 역할모델도 빵점 짜리인 보스와는 일하고 싶어하지 않는다. 누구나 자신의 삶을 갖고 있는 보스와 일하고 싶어한다.

당신의 인생은 행복하고, 재정상태도 건전하고, 정서적으로 안정되고, 신체건강하고, 친구관계도 좋고, 신앙 문제도 없을 때 균형 잡혔다고 말할 수 있다.

✛ 직장과 가정 사이에서 균형 지키기 ✛

폴린 구디어는 맥그레이스사의 중역이자 가장 유능한 영업사원 가운데 한 명이다. 첫아기를 낳은 뒤 폴린은 재택근무를 했다. 그래서 우린 사무실에서 그녀를 볼 기회가 거의 없었다. 그렇지만 그녀는 여전히 가장 유능한 사원 가운데 하나였다. 가정생활 문제로 타협하는 법도 없었으며 여전히 부동산 중개인으로 놀랄 만큼 효율적이고 성공적인 기량을 발휘했다.

폴린이 어떻게 직장과 가정 사이에서의 균형을 유지해나갔는지 들어보자.

"나는 아직도 내 일을 즐기며 아기가 생기기 전과 똑같은 역량으로 일하고 있다. 하지만 이제는 시간관리가 훨씬 더 중요해졌다. 일할 때는 극도로 집중하며 도우미에 대한 의존도는 전보다 훨씬 높아졌다. 딸아이에게 문제가 생겨 집에 있어줘야 할 때는 손쉽게 재택근무를 할 수 있다. 사무실에 있는 시간은 전체 근무 시간의 20% 정도에 불과하다.

나의 하루는 일과 사생활에 대한 일정들로 빽빽이 차 있다. 1개월씩 걸리는 경매 캠페인을 주도할 때는 모든 약속들은 다이어리 속으로 밀려난다. 사생활도 마찬가지다. 미용사들을 전화로 깨워 틈이 날 때마다 시도 때도 없이 들이닥치기 때문에 이제는 선금을 주고 미용실을 이용하고 있다. 가족과의 휴일에도 마찬가지 방식을 적용한다.

나는 출산 후 2주 만에 일을 시작했다. 그 무렵 나는 3년간이나 팔려고 내놓은 한 유명한 전직 모델의 집 매매건을 진행하고 있었다. 그녀는 임신 말기로 몸이 한참 무거워져 있는 나에게 일을 맡기는 데 조금도 주저함이 없었다. 그녀 역시 아이들 엄마였기에 내 처지를 딱 그대로 이해하고 있었다.

나는 미국 워싱턴에 살고 있는 한 가족에게 인터넷으로 그 집을 팔았다. 나는 한밤중에 아이 젖을 먹이느라 깨어 있을 때 메일로 그 가족과 대화할 수 있었다. 모든 것이 원활하게 진행됐다.

평수를 늘려가든 줄여가든 사람들이 이사를 하려는 이유는 대부분 가족 때문이다. 따라서 고객은 아이 있는 중개인의 입장을 정말로 잘 이해해준다. 고객은 그런 이들에게 더욱 친밀함을 느낄 수 있다고 생각한다."

나는 족히 10여 년은 전에 이 글을 만났다. 그것은 내게 커다란 영향을 끼쳤다. 바로 그게 내가 원하는 걸 깨달았기 때문이다. 하지만 나는 아직 그 경지에는 이르지 못했다. 그래서 그 글을 복사해 코팅해두었다. 나는 몇 달마다 한번씩 이 글을 꺼내 읽으며 내가 어디쯤 와 있는지 목표에 얼마나 더 가까워졌는지를 생각해본다.

"나는 내 인생의 무대 위에서 아무것도 증명할 필요가 없다. 그저 하고 싶은 일을 할 뿐이니 그 무대란 정말 멋진 곳이다. 나는 열정적으로 일한다. 정말 멋진 시간들이다! 하지만 내 목표는 더이상 성공을 향하고 있진 않다. 중요한 것은 내 인생, 살아가는 것, 일에서 벗어난 시간, 정녕 사랑하는 나의 아내다."

제2부
초일류 기업을 목표로 하라

나는 성공한 사람들의 사례를 연구하며 벤치마킹했다. 그들의 전략을 분석해 내 삶과 사업에 맞게 변형시켰던 것이다. 마찬가지로 실패한 사람들의 사례를 분석해 실패 이유를 찾아내고 두 번 다시 같은 일이 반복되지 않도록 했다.

1
실수를 비껴가는 기술

나는 성공한 사람들의 사례를 연구하며 벤치마킹했다. 그들의 전략을 분석해 내 삶과 사업에 맞게 변형시켰던 것이다. 마찬가지로 실패한 사람들의 사례를 분석해 실패 이유를 찾아내고 두 번 다시 같은 일이 반복되지 않도록 했다. 내가 배운 바에 따르면 사람들이 사업 실패를 겪는 데는 다음 5가지 이유가 작용한다.

사업 실패를 초래하는 5가지 실수

1. 뚜렷한 목표의식의 결여
2. 방화벽을 치는 대신 불과 직접 맞서는 것
3. 무계획성

4. 무책임
5. 시간관리 실패

＋ 목표의식의 결여 ＋

우리들은 회사 오너들이 대부분 2가지에 대해 아주 분명한 생각을 가졌을 것이라고 간주한다. 어디로 향하는지와 어떻게 그곳에 도달할지이다. 즉 목표와 전략이다. 하지만 나는 사업의 기초 토대인 이 2가지에 대해 뚜렷한 의식을 지닌 사업가들이 몇 안 된다는 사실에 놀라워하곤 한다.

첫째 목표가 무엇인지를 분명히 하라. 자신이 원하는 사업의 모습이란 어떤 것인지 상상해보라. 3년 내 원하는 모습으로 변모할 자기 사업에 대해 잠시 상상해보자. 그 모습이 어떤 것이라고 얘기할 수 있는가?

직원은 얼마나 될 것인가? 회전율과 이익은? 주요한 수익원은? 활동하고 있을 지역은?

이런 핵심 질문들에 대한 대답이 목표를 형성하는 기초가 된다. 이제 이 목표를 달성하기 위해 취해야 할 구체적인 행동들을 고안해본다. 이런 행동들이 또 전략의 기본이 된다.

왜 모든 기업체 오너들이 뚜렷한 목표와 전략을 세워두지 못하는 것일까. 모르긴 몰라도 과거 많은 기업들이 목표 세우기에 실패한 경험이 있기 때문일 것이다. 그들은 목표를 세웠다가 이런

저런 이유로 달성에 실패한다. 실패의 경험을 건설적으로 사용해 전략을 가다듬고 목표를 재정비하기보다는 그들은 종종 목표수립 자체를 통째로 포기하려 한다. 첫 번째 실수다.

✛ 방화벽을 치는 대신 불과 직접 맞서는 것 ✛

지금껏 읽은 경영 서적 가운데 가장 중요한 게 마이클 거버(사업가이자 소자본 창업 이론가―옮긴이)가 쓴 『E-신화』라는 책이다. 이 책은 사업 성공의 주요 열쇠 가운데 하나가 대부분의 시간을 사업 내부에서가 아니라 사업을 내려다보는 지점에서 쓸 수 있도록 사업 운영을 위한 효율적인 시스템을 구축하는 능력이라고 가르쳐준다. 월급쟁이가 되지 말고 오너가 돼야 한다.

대부분 이 간단한 개념을 이해하지 못하기 때문에 경영 계획, 마케팅 전략, 인재 채용, 시스템 개발 등 경영의 주요한 초석에 대해 생각할 시간이 없다. 이런 활동들은 내가 '방화벽 구축'이라고 말하는 것이다. 미래의 성공에 대해 토대를 놓는 일은 아주 거대한 그림을 그리는 작업이다.

많은 경영자들이 사업의 운영이 보다 본질적인 일이라고 여겨 너무 많은 시간을 쏟고 있다. 즉 불과 직접 싸우려는 것이다. 그쪽에 시간을 쏟는 게 당연히 더 유용하다고 생각할지도 모른다. 또 그쪽이 더 야심 차 보일 수도 있다. 계약을 맺고, 고충을 처리하고 직원들의 사기를 진작시키고 등등. 그러는 쪽이 훨씬 더 빠른 성공을 가져다주며 아드레날린 분비도 촉진시킨다. 즉각적인 만족을 가져다준다.

불과 직접 싸우는 것은 외부 사건이나 행동 등에 즉각 반응하는 것이기에 어떤 행동이 미래의 번영을 가져올지 꼼꼼히 따져 미리 손을 써놓는 힘겨운 작업보다 한결 쉽다. 불을 끄려고 맞서는 것도 물론 중요하다. 하지만 그런 시간의 일부(더 나아가 대부분)를 쪼개 방화벽을 세워두는 것이 더욱 결정적이다. 그렇지 않았다가는 남은 경영자로서의 일생을 불과 싸우기만 하다 끝낼 것이기 때문이다.

기술자에서 기업가로

본질적인 것은 기술자에서 기업가로, 영업사원에서 오너로 전환하는 것이다. 나는 너무 많은 시간을 사업 상의 사소한 일에 쏟고 있었다. 나는 영업을 사랑했고 운영에 관련된 문제들을 다루길 좋아했다. 즉 불에 맞서 싸우는 일들을. 하지만 사업을 한 단계 끌어올리기 위해서는 '방화벽'이 필요하다는 것을 깨달았다.

내 코치는 "전략적 계획수립에 필요한 시간을 얻기 위해 판매에 쏟는 시간을 약간 포기해야 한다면 걱정되는 게 있느냐?"고 물었다. 가장 큰 두려움은 판매를 쉬면 내 사업이 비틀거리지나 않을까 하는 점이었다. 그 무렵 내가 개인적으로 하는 영업이 사업의 많은 부분을 떠받치고 있었다. 내 코치는 일시적으로 판매에 쏟는 시간을 줄여가야 한다고 했다. 하지만 나는 용납할 수 없었다.

그래서 사업에 대해 거시적으로 궁리할 시간을 좀더 내기 위해 몇 가지 규칙을 정했다. 첫째, 영업과 관련된 약속에는 꼭 회사의 다른 누군가를 대동한다. 둘째, 고객이 직접 부동산매매를 해달라고 의뢰해올 때를 대비해 각본을 짰다. 그럴 때 난 솔직하게 내 중요한 역할은 지금 여기 있는 사람들과 전략을 세우는 것이라고 답변한다. "여기 제이미가 함께 왔어요. 이런 인수 업무엔 전문가죠. 그녀는 이 가격대에 거래할 만한 바이어들을 많이 알고 있어요. 그래서 제가 같이 와달라고 요청했습니다. 물론 원하신다면 제가 여기서 즉각적으로 가치를 산출할 수도 있어요. 하지만 다른 의견을 듣고 싶으시다면 제이미와 얘기를 나누는 것도 좋을 겁니다."

그렇게 해서 나는 내 대리인들의 역할에 관해 몇 가지 기대 모델을 창출해냈다. 나는 대리인들에게 고객을 만나기 전 사전조사를 해서 브리핑하도록 했고 고객을 만나고 난 뒤엔 프리젠테이션과 문서제출을 하도록 요구했다. 내가 무엇을 기대하는지 모두가 알았다.

사업이 죽을 쑤지 않을까 했던 내 우려는 현실화되지 않았다. 아무것도 삐걱거리지 않았다. 반대로 1년에 사업이 50% 이상 성장했다. 내가 경매를 중단했을 때도 마찬가지였다. 나는 죽을 때까지 경매 업무를 해야 한다고 생각해왔다. 내가 경매를 그만두면 고객이 오지 않을 거라고 생각했기 때문이다. 하지만 내가 경매일을 멈추자 사업은 사실상 2배로 팽창했다.

나는 주 5일을 사무실에서 일하고 토요일과 일요일에 경매를 했다. 때문에 중개와 경매를 모두 멈추게 되자 훨씬 더 많은 시간과 관심을 사업 그 자체에 쏟을 수 있게 됐다. 그러고 나자 내가 앞날에 대해 무지 많은 아이디어를 가지고 있다는 사실을 발견하게 됐다.

불과 직접 상대하는 시간을 줄임에 따라 내 인생도 균형감각을 찾아갔다. 내 인생이 조화와 균형 속에서 뭔가를 얻게 됐다. 뿐만 아니라 나도 참호 속의 시선이 아니라 헬리콥터에서 폭넓게 사업을 조망해볼 줄 아는 괜찮은 비즈니스맨이 됐다.

두려움을 극복하려거든 스스로를 겁주는 소리에 말을 걸어라

나는 머릿속에서 들려오는 자기의혹에 대해 '겁주는 소리'라고 명명해두었다. 무조건 파국적인 시나리오로만 치닫는 목소리다. "이것 봐, 존! 네가 영업을 하지 않는다면 사업은 실패할 거야!"
겁주는 소리에 밀려 할 일을 멈춰선 안 된다. 대신 이렇게 말을 걸어야 한다. "오케이, 내가 이 일을 시도했을 때 잘못될 일이 뭐란 말인가?" 이에 대해 겁주는 소리의 대답을 적어내려가 그 각각에 대해 대응 전략을 모색해두라.

✛ 무계획 ✛

계획 없이 사업을 시작하는 이는 드물다. 거의 없다고 봐야 한다. 하지만 처음부터 제대로 된 계획을 세워 사업을 시작하는 경우도 드물다. 역시 거의 없다. 따라서 처음에 사업계획이나 전략을 어떻게 세웠느냐보다는 그것을 어떻게 개선해가느냐가 한층 중요하다.

나는 자기 사업 전략을 명료하게 설명하거나 더 나아가 목표, 전략, 중요 이정표, 전술, 있을 법한 도전이나 장애물 등을 간략하게 기술할 수 있는 사업가나 세일즈맨을 거의 만나본 적이 없다. 이런 것들을 잘 살펴 꾸준히 개선 노력을 펴는 것이 사업 성공으로 가는 지름길이다.

사업계획의 성공은 계획 기간에 반비례한다

나는 15년간 사업을 하면서 문자 그대로 12번도 더 계획을 세웠다. 첫 번째 계획은 길고 상세했다. 최근엔 사업계획의 성공 여부가 그 기간에 반비례한다는 점을 알게 됐다. 훌륭한 사업계획의 핵심은 간결함이다. 대부분의 사람들이 1페이지짜리 이상의 문서엔 본능적인 거부감을 가지고 있다. 그랬다간 서랍 속 어딘가에 쑤셔 박히기 일쑤다. 읽어내기가 힘들거나 그럴 시간이 없기 때문이다.

우리는 각 사업단위별로 1페이지 이하씩의 짧은 사업계획서만을 작성한다. 또 시장의 변화, 경영진의 새로운 계획, 직원들의 아이디어 또는 단순한 직감 등으로 인한 변화에 신속하게 적응토록 하기 위해 굵은 글씨체로 작성해둔다.

훌륭한 전략 계획이란 파워포인트 슬라이드 1장에 담겨 한눈에 알아볼 수 있는 것이다. 팀원들 모두가 쉽게 이해할 수 있고 경영진들이 기억하기에도 좋다. 글자 크기는 5~7포인트 정도가 적당하다. 세부적인 내용을 담아 별도의 서류를 준비해선 안 된다는 말이 아니다. 필요할 경우 직원들이 매일 읽을 수 있을 정도의 쓸모있는 문서가 돼야 하는 게 우선이라는 거다.

현실적인 목표를 세워라. 500가지 목표는 필요 없다. 6가지면 된다. 내 목표는 실적에 대해 1페이지, 전략에 대해 1페이지다. 하나는 내년에 이루고 싶은 사업 실적이며 다른 하나는 그 목표에 가닿기 위해 필요한 10가지 가장 중요한 것들이다.

계획 세우기

우리는 현재 위치와 가닿고 싶은 목표 사이의 간극을 메우려고 시도한다. 계획을 세우는 일은 실은 목표달성을 위해 일어나야 할 사건들의 체계를 세우는 일이다. 계획을 실천하기 쉬운 일련의 단위들로 잘게 쪼개라. 어떤 단계를 달성하는 데 실패한다면 그것을 한 번 더 쪼개보라.

책임감이 결여돼 있을 때 사람이나 사업이나 잠재력을 충분히 발휘하기 힘들다. 목표를 세워놔도 이를 달성하기 위한 과정을 제대로 밟고 있는지 체크해줄 사람은 없다. 물론 오너는 중간간부들이나 직원들을 독려해 성과에 이르게 하지만 그 진행과정을 모니터하거나 결과에 책임을 묻는 경우는 드물다.

전형적인 시나리오는 이렇다. 영업부장이 영업사원과 함께 앉아 있다. "향후 90일간의 목표를 세워보도록 하세. 어떤 게 좋겠는가?" 대화가 오가고 마침내 다음 분기의 목표에 대해 합의가 이뤄진다. 극히 간단한 일인데 뭐가 잘못됐는가?

첫 번째 문제는 보통 관리진들이 자신들의 기대, 의무, 책임의 범위 등에 대해 솔직히 말하지 않는다는 점이다. 훌륭한 경영자라면 성과를 달성하는 과정에서 부딪칠 가능성이 있는 도전이나 장애물 등을 시간을 들여 설명해주고 성과에 미달할 경우 어떤 일이 뒤따를지를 명확하게 해놓아야 한다.

예를 들어 이렇게 말이다. "어떤 단계에서든 목표 달성에 실패하거나 목표를 향해 순조롭게 나아갈 수 없게 된다면 내가 예측하는 바는 이렇다." 경영자는 결과물이 누구의 책임이 될지, 문제가 있다면 어떻게 해야 할지에 대해 눈곱만큼의 불확실성도 남겨둬선 안 된다. 정직하고 허심탄회한 대화는 성과에 도달할 가능성을 크게 끌어올린다.

또 하나의 문제는 영업부장이 성과와 관련된 깊이 있는 토론을 하는 때가 보통 분기 말에 집중된다는 점이다. 최종적인 목표로 가는 중간 중간에 몇 가지 이정표들을 세워두고 짬짬이 멈춰 서서 얼마나 진전되고 있는지를 점검해야 한다. 이렇게 해야 처음 합의된 계획에서 벗어나거나 문제가 생겨도 조기에 바로잡을 수 있다.

✛ 잘못된 시간관리 ✛

시간관리를 제대로 하는 것은 성공의 키포인트 가운데 하나다. 마찬가지로 잘못된 시간관리는 실패의 주요 요인이다. 대부분의 사업가들은 동기도 충분하고 재능도 있고 기회도 가지고 있지만 관련 없는 일에 너무 많은 시간을 낭비한다. 가장 중요한 임무가 무엇인지 정하고 그것을 완수하기에 충분한 시간이 있는지 확인해야 한다.

누구에게나 하루 24시간이란 선물이 주어져 있다. 그것을 어떻게 쓰느냐에 따라 그들 사이엔 격차가 생긴다. 좀더 중요하거나 크게 중요치 않은 일 등 그렇고 그런 일들로 하루하루를 채워갈 수도 있는가 하면 사업을 더욱 번영하게 만들 5가지 중요한 일을 골라 극도의 집중력을 쏟을 수도 있다. 모든 것은 자기 선택에 달렸다.

눈앞에서 나를 노려보고 있는 100가지 '해야 할 일 목록'을 보곤 어떻게 해야 할까. 나는 일단 목록에서 5가지 중요한 과제를 추려낸다. 오늘의 사업에 가장 영향력이 두드러지며 가장 발전적 영향을 끼칠 것들로(고르고 보면 대부분 가장 쉬운 일들은 아니다). 그리곤 그것부터 해치운다. 과제들을 모두 끝내고 나면 그땐 다음 단계로 중요한 5가지 업무로 옮아간다. 그렇게 계속 해나가는 것이다.

너무 힘든가? 처음엔 그렇다. 하지만 하나하나 일을 잘 해치워나가다 보면 더 잘할 능력이 생기고, 덜 구속받게 되며 말할 수 없이 효율성이 높아진다.

계속 집중해나가고 에너지를 쏟아부으려니 다른 사람의 심기를 상하게 하는 일이 생기는가? 물론 누군가는 혼란스러워할지도 모른다. 하지만 스스로가 정한 우선순위에 따라 성취해나가야 한다. 다른 사람을 지속적으로 만족스럽게 만들고 그들이 모두 나를 좋아하게 하는 게 목표인가, 아니면 차별화된 세계적인 기업인가. 모든 것이 자신의 어깨에 달려 있다.

조르지오 아르마니의 시간관리 기술

언젠가 일류 디자이너 2명의 시간관리 노하우를 듣곤 깊은 인상을 받았다. 조르지오 아르마니는 하루에 딱 8가지 일만 한다. 그는 점심시간 제외하고 하루에 8시간 일을 한다. 날마다 할 일이 8가지씩만 있다. 그 가운데 하나라도 시간 안에 다 끝내지 못하면 다음날로 넘긴다. 늘 8가지씩 동시에 일을 하지만 딱 8가지뿐이다. 이런 실천전략을 스스로 받아들여 적용해나간다면 얼마나 많은 일을 할 수 있을지 생각해보라.

대부분의 사람들 목록에는 74가지 정도의 할 일이 있다. 주말이 되면 그건 84가지로 불어나 있다. 처음의 74가지 대부분은 아직 남아 있는 채로다. 이 문제를 해결하려면 중요한 업무에 대해 우선순위를 정해야 한다. 전화나 이메일 용무는 하루를 시작하는 첫 한 시간, 그리고 하루를 마감하는 한 시간 안에 몰아서 한다. 또 점심식사 시간으로 한 시간을 배정한다.

그러면 6~8시간 정도가 남는다. 이 6~8시간을 어떻게 쓰는 게 자기 자신과 사업을 위해 가장 생산적인 방법일까.

유명한 디자이너 필립 스타크의 사무실에선 오전 9시만 되면 일을 시작하지만 오후 1시까진 어떤 전화도 받지 않는다. 대신 자동응답기가 이렇게 말해준다. "오전은 구상하는 시간이고 오후는 일하는 시간입니다. 우리는 지금 구상 중입니다. 메시지를 남겨주세요." 직원들 모두 오전 시간이 디자인하고 구상하고 공동 작업하는 데 필요한 시간이란 걸 분명히 알고 있기 때문에 방해받고 싶어하지 않는다.

이처럼 간단한 시간관리 시스템 도입으로 얼마나 많은 것을 얻을 수 있는지 알게 된다면 사업하는 사람들은 다들 경탄할 것이다. 나도 요즘 그런 시스템의 하나로 주중의 모든 회의를 월요일에 집중시키고 있다. 내부 회의뿐만 아니라 고객 상담이나 기타 중요한 약속들도 이날 치러낸다. 회사 수뇌부와 만나 그간의 사업 경과, 실적, 성과 등을 점검하고 전략을 짚어본다.

　그리고 나면 주중의 다른 날들은 다른 곳에 있는 사무실을 방문하고, 필요할 경우 위원회를 소집하고, 전략을 세우는 등 다른 중요한 업무를 하는 데 쏟을 수 있다. 보통 나는 오전 6시 반에서 7시 사이엔 회사에 나온다. 그렇게 하면 그날의 업무를 준비하고 전날의 일들을 정리하는 데 4~5시간 정도가 주어지는 셈이다.

2
세계적인 기업이 갖춰야 할 운영기술

당신은 기존의 사업을 운영하는 쪽과 새로운 사업을 시작하는 쪽 가운데 어느 쪽을 더 잘하는가? 평범한 사업가들 가운데는 기업가적 직감, 열정, 에너지가 풍부해 사업을 출범시키는 데 강점을 가진 이들이 많다. 그렇기 때문에 사업을 하는 것이다.

그런 이들에게 종종 부족한 게 사업을 운영하는 능력이다. 고객 주문처리서조차 제대로 분류하지 못하고, 전화 요금마저 제대로 해결하지 못하면서 한걸음 더 나아가 시장의 격랑과 맞설 수는 없다. 사업체가 성장해나가기 전에 운영시스템 등이 제대로 돌아가는지 반드시 체크해야 한다. 이 장에서는 그런 작업을 위한 몇 가지 비결을 소개한다.

✛ 미리 투자해두라 ✛

나는 '역공학(reverse engineering)'을 맹신하는 편이다. 이를 기업에 적용한다면 우선 자신이 가진 사업목표부터 그려본 뒤 거기에 도달하기 위해 필요한 단계를 마음속으로 되밟는 과정이 될 것이다. 어떤 단계들이 필요한지를 알게 되면 이를 달성하기 위한 전략도 쉽게 세울 수 있다. 마음속에 결과부터 새겨넣자.

최근 우리 회사 회의에서는 향후 5년간 사업 확장을 목표로 세웠다. 향후 7년간 순이익의 500% 향상을 목표한 뒤 자문해보았다. "수입과 순이익이 500% 늘어난다면 회사는 어떤 상황이 돼 있을까. 직원들은 어떨까. 사무실의 활력은 어느 정도일까. 구축돼야 할 시스템은 어떤 것일까. 어떤 기술이 적합할까?" 해답을 찾아내고 보니 그것을 실제로 도입하는 일만이 남았다.

목표한 실적에 도달할 때까지 이 모든 것들을 미뤄선 안 된다. 이런 요건들을 미리 갖춰놔야 한다. 내가 배운 가장 큰 교훈 가운데 하나는 "성장하기 전에 미리 투자하라"는 것이다. 대부분의 사업가들에게 대단히 힘겨운 얘기로 들릴지 모르겠다. 실제로 필요해지기 전에 인프라를 미리 구축해두는 것에는 위험이 따르기 때문이다. 하지만 그렇게 해야 한다.

1997년 영업사원을 제외하고 근로자들의 임금수준은 최고 8만 달러 정도였다. 내 비즈니스 코치는 "최고로 능력 있는 직원을 채용해야 한다."고 말했다. 난 신규직원들에게 10만 달러 정도의 임금을 내걸 생각이었다. 하지만 그는 "20만 달러로 하는 게 좋다."고 말했다. 물론 나는 기절초풍했다. '잠깐만. 20만 달러라면 세 명을 채용할 임금 아닌가.'라는 생각이 스쳐지나갔다. 하지만 비즈니스 코치는 "때로 사업을 확장하고자 할 때는 최고의 능력을 가진 인재를 채용해야 한다."고 못박았다.

최초의 충격이 가시고 난 뒤 결국 18만 달러에 직원을 채용했고 결과적으로 사업은 확장돼나갔다. 실상 과거 어느 때보다 빠른 팽창을 보였다. 물론 나는 엄청난 책임을 감당해야 했다. 쉬운 결정이 아니었기에 어렵게 그것을 받아들였다. 하지만 사업은 결코 후퇴하지 않았다.

✛ 모든 것은 시스템으로 통한다 ✛

시간은 가장 귀중한 재산이다. 시간을 낭비하지 마라. 최소한의 시간에 최대한의 실적을 올릴 수 있도록 효율적으로 사업을 운영하라. 모든 것은 시스템의 문제로 귀착된다. 맥도날드의 사례를 보자. 간단하면서도 효율적인 시스템 하나로 거대한 왕국을 구축한 것이다.

4가지 핵심적인 시스템에서부터 시작해보자. 이번주라도 당장 실행에 옮겨라.

1. 회의의 핵심의제에 집중하라

일주일 단위의 세일즈 미팅이 됐건, 반 년마다 한번씩 열리는 씽크 탱크 모임이건, 월례 팀미팅이건 대부분의 사업가와 세일즈맨들은 핵심적인 회의에 정기적으로 참석하고 있다. 토론할 토픽은 대부분 어떤 회의에서나 비슷비슷하다. 이런 정기회의 때마다 가(假)의제를 세워두면 다들 그 구체적인 이슈에만 집중하게 돼 시간을 한결 절약할 수 있다.

2. '할 일(to do)' 목록과 핵심 프로젝트 목록

나는 어디를 가건 오늘 해야 할 일을 적은 '할 일 목록'을 지니고 다닌다. 나의 핵심 프로젝트 명단에는 해야 할 중요한 과제가 모두 포괄돼 있다. 이상적인 상황이라면 1일 할 일 목록에 기재된 모든 활동들을 해나가다 보면 핵심 프로젝트들을 향해 한 발짝씩 전진하게 된다. 우리 자신의 과제와 목표와 프로젝트들을 집중적으로 담은 목록을 만들어두자.

3. 핵심 프로젝트 폴더와 회의 폴더

나는 리스트에 올라 있는 핵심 프로젝트에 대해 각각 모두 개별 폴더를 만들어 관련 정보와 아이디어들을 모아 정리하고 있다. 관리진, 중간간부진, 팀 리더급, 이사회 등 각각의 회의 대상별로도 모두 정보를 담는 폴더를 가지고 있다. 나는 이사회에서 토론하고 싶은 건수가 생기면 '이사회 회의 폴더'에 끼워둔다.

회의 준비가 되면 이사진들과 토론하고 싶은 모든 아이템들이 그 속에 담겨 있게 된다.

4. 서류함

나중에 쓸모가 있을 중요한 정보를 재빨리 보관해놓기 위해 서류함이 필요하다. 예를 들어 나는 '읽기' 서류함을 가지고 있다. 잡지가 배달돼오면 즉시 들춰보기 시작하는 일은 없다. 읽기 서류함에 보관해뒀다가 주중에 비행기 탈 일이 생기면 고스란히 꺼내 비행기 안에서 읽어본다.

5. 비즈니스 계획은 1페이지를 넘지 않게

1페이지를 특히 강조한다. 핵심만 뽑아내 명료한 계획을 세워야 한다. 그 과정에서 모든 목표가 보다 명료해진다. 1페이지 이상이면 남들이 잘 읽지도 않는다. 1페이지짜리는 그냥 한눈에 들어온다. 작은 사업체를 운영하고 있다면 사업을 각 부문별로 나눠 계획을 세울 수도 있다. 이를테면 1페이지 마케팅 계획, 1페이지 세일즈 계획, 1페이지 운영 및 기술계획 등으로. 하지만 1페이지 이상은 절대 안 된다.

＋ 시스템은 이렇게 구축하라 ＋

자신의 사업을 잘 살펴보라. 잘 돼가는 곳과 그다지 잘 돌아가지 못하는 곳은 어디인가? 직관을 사용하라. 직원들에게 질의하고 고객들에게 물어보라. 고객에게 전화해 "우리와의 거래가 어땠는지 피드백해주서서 감사하다"고 말하라. 10분짜리 전화 한 통화가 백만 달러짜리 가치를 지닐 수 있다.

일단 어느 부분이 잘 안 돌아가는지 파악했다면 그 부분을 제대로 작동시킬 시스템을 개발해야 한다. 시스템은 단순해야 하며 더 나아질 여지가 있다면 완벽해야 한다는 것에 너무 집착해선 안 된다(이에 대해서는 나중에 추가 설명하겠다). 완벽하게 결함 없는 시스템을 갖출 때까지 기다려선 안 된다는 것이다. 일단 무엇으로든 시작하라. 팀 멤버들에 대한 간단한 성과 표준 체크리스트 같은 것을 만들어도 좋다. 피드백을 받으라. 처음엔 소규모 그룹에만 집중적으로 실시한 뒤 차츰 개선해나가라.

외부 컨설턴트의 도움을 받아야 할 때가 올 수도 있다. 보통 특수한 프로젝트를 진행하고 있을 때 컨설턴트의 도움이 필요하다. 경영진이 사업 자체에 깊이 매몰돼 있을 때, 특히 사업이 소규모일 때는 외부에 의뢰해 사업 전체를 조감케 해야 한다. 필요할 경우 시스템을 재구축해야 하는데도 내부에서는 그 필요성조차 느끼지 못할 수 있다. 경영진이 그와 관련된 전문적 지식도 지니고 있지 않기 십상이다. 우리는 외부 컨설턴트의 역할을 수행할 직원을 고용할 수도 있다.

＋ 시간관리 전략 탑 10가지 ＋

날마다 이런저런 일들로 꽉 찬 하루를 보내긴 쉽다. 약속한 자리에 나가고 이메일에 답하고 걸려온 전화에 응답하고. 그러다가 집으로 갈 시간이 되면 하루를 돌아보면서 이렇게 말한다. "우리 사업 형편을 바꿔놓을 만한 일이라곤 한 게 없네."

훌륭한 시간관리는 높은 성과를 내기 위한 열쇠 가운데 하나다. 하루 일과 중에 핵심적인 활동이 무엇인지 선별해 그것들을 중심으로 스케줄을 짜는 것이다. 충실한 스케줄표를 만들어놓고 매일 그것을 지켜가며 열심히 일한다면 성공은 따놓은 당상이다.

이제부터 가장 훌륭한 시간관리 전략 10가지를 알아보자.

1. 인생을 하루가 꽉 찬 칸막이방처럼 살아라

이 멋진 말을 나는 인간관계 전문가 데일 카네기의 책 가운데 하나에서 골라냈다. 이 말뜻은 무조건 오늘 해야 할 일에 집중하라는 것이다. 나는 이번 주에 준비해야 할 것을 알아두기 위해 다이어리를 한번 훑어보는것 빼고는 절대 오늘 이외의 날을 넘보지 않는다.

그렇지 않았다간 혼란스럽다 못해 질려버릴지도 모른다. 다이어리를 꺼내봤더니 내일 회의가 12개요, 그 다음날 회의도 12개요, 이렇게 할 일이 줄지어 있다면 압도당해버리기 십상이다. 때문에 나는 오늘 회의, 오늘의 희망 실적에만 집중한다. 하루가 끝나갈 때면 편히 잠들 수 있다. 내일 회의는 내일 신경 쓸 거라는 걸 알기 때문이다.

2. 아침의 의식을 개발하라 – 일찍부터 활력을 얻을 수 있다

나는 아침이 비생산적이면 하루를 망친다는 것을 알게 됐다. 이를 피하려면 아침 의식을 개발해 잠자리에서 빠져나옴과 동시에 긍정적인 활력을 얻어야 한다. 일어난 뒤 한두 시간 가량을 생산적인 일에 쓰라. 일어나자마자 운동을 한다든지, 출근길에 기분을 '업' 시키는 CD를 듣는다든지, 유능한 직원 중 한 명 또는 신입사원과 아침식사를 한다든지, 핵심 경영진과 아침회의를 가져라.

3. 일주일 단위의 계획을 짜두라

주 단위 계획을 만들어두면 시간을 핵심 활동에 집중할 수 있어 결과적으로 그만큼 사업이 잘돼 나간다. 다른 활동들도 모두 이 주 단위 계획을 중심으로 수행한다. 스케줄에 따라 열심히 일하면 일관성이 생기고 더 높은 성과를 올릴 수 있게 된다.

아래는 나의 주 단위 계획표의 일례다. 꼭대기에 내가 집중할 활동을 적어놓았다. 그게 사업에서 나의 핵심 역할인 셈이다.

집중활동 :

전략수립

에너지 창출

에너지 정화

재능관리

세계적 브랜드 창출

관계 정립

월요일

오전 8시~9시	세일즈 회의 – 동부 교외 지역
9시~10시	간부진 – 동부 교외 지역
10시~11시	관리진 –동부 교외 지역
11시~정오	주택 세일즈관리 팀
정오~오후 6시	약속 및 외부회의

화요일

지역 사무실 방문

수요일

지역 사무실 방문

목요일

월례 사업현황 재검토

분기별 재검토 회의

프로젝트 재검토 및 필요할 경우 후속 회의

금요일

월요일 회의 준비

KPI(주요성과지표) 재검토

전략 개발 및 재검토

다음주 연설 준비

이사회 보고서와 서류준비

분기별/월별 재검토

각종 자료 읽기

4. 날마다, 주마다, 달마다 7가지 실적 올리기

이번 달, 이번 주, 오늘 가장 달성하고 싶은 7가지 일의 리스트를 작성해보자. 오늘의 리스트엔 물론 여러 가지 운영과 관련된 자잘한 일들이 다수 포함될 거다. 이번 주엔 중요한 전략 몇 가지를 진전시켜야 한다. 이번 달엔 사업의 7가지 중요 항목들에 진전이 나타나야 한다. 매달, 매주, 매일을 7가지 슈퍼 목표와 함께 시작하자.

5. 할 일을 30~60분 단위로 나눠라

주요 과업이나 프로젝트를 30~60분 단위의 관리가능시간으로 나눠 수행하라. 사람들은 종종 이렇게 말하며 할 일을 미룬다. "이 일을 하는 데 6시간은 걸릴 테니 그만큼의 여유가 생기면 그때 시작해야지." 하지만 6시간의 여유란 좀체 찾아오지 않으니 일은 결국 손도 못 대보기 십상이다. 6시간짜리 일을 30분 단위

의 20개짜리 일로 나눠보라. 그리고 나서 다음달 다이어리에
기록해두라.

6. '1분 내 전화하기' 요령을 습득하라

전화와 이메일은 막강한 의사소통 수단이지만 또한 어마어
마한 시간낭비의 주범이 될 수도 있다. 대부분의 사업가와 대
부분의 세일즈맨들이 인생의 대부분을 전화기통 붙든 채 흘려
보낸다. 따라서 모든 정보를 다 주고받은 뒤 재빨리 전화에서
해방되는 데 선수가 돼야 한다.

전화 응답 요령에 대해서 생각해보자. "안녕하세요? 난 존
맥그레이스입니다. 어떻게 지내시는지요? 통화하게 돼 기쁩
니다. 최근에 별고 없으셨나요?" 등등 바보 같은 말을 잔뜩 늘
어놓는 통화가 있는가 하면 "안녕 수, 존 맥그레이스입니다.
당신이 주신 전화에 지금 응답 중입니다. 오늘 아침엔 뭘 도와
드릴까요?" 하고 필요한 화제로 직행하는 통화도 있다. 후자
쪽이 훨씬 빠르고 직접적인 답변을 얻어낼 것이며 60초 안에
전화를 끊을 수 있도록 도와줄 것이다.

미국인 밥 울프는 지구상에서 가장 탁월한 부동산 중개인
중 한 명이다. 그는 스스로 전화를 빨리 끊는 훈련을 하기 위해
계란 요리할 때 쓰는 모래시계를 이용했다. 전화 연결이 되자
마자 시계를 뒤집어놓곤 필요한 정보를 모두 얻고 고객에게
모든 정보를 제공한 뒤 60초 내 전화 끊는 훈련을 반복했다.

7. 집중을 방해하는 것들을 제거하라

일과 중 일어나는 일 가운데 시간을 낭비하게 하는 산만한 일들의 목록을 작성하라. 그 가운데 특히 집중을 방해하는 5가지를 골라내라. 이런 요인들을 어떻게 없앨 것인지 궁리하라. 회사 내 지속적으로 당신의 방문을 두드리는 이가 있는가? 그에게 이렇게 말해둬야 한다. "제이슨, 자네를 죽도록 사랑한다네. 하지만 자네는 내 사무실에 하루에도 10번씩 들러 업무에 집중하지 못하도록 하고 있네. 일이 다 끝난 뒤에 만나면 그땐 자네가 하고 싶은 얘기를 뭐든 들어줄 수 있는데 그러면 안 될까?"

8. 중요하지 않은 일에 '노'라고 말하라

인생의 가장 커다란 도전 가운데 하나가 이것이다. 대부분의 사람들이 중요하지 않은 일, 하고 싶지 않은 일에도 그저 '예스'라고 말하며 살아간다. 자신의 인생과 사업에 정말 중요한 일이 뭔지 잘 판별해 그런 일들에 대해서는 열정적으로 '예스!'라고 대답하라. 그 외의 모든 것들에는 '노!'라고 말해야 한다.

9. 성과나 이슈 등에 대해 구체적으로 말하라

나는 회의를 하거나 대화를 할 때 종종 " 현재 그걸 달성하려면 어떻게 해야 할까?" 또는 "우리가 특히 집중적으로 다뤄야 할 특정한 성과에는 무엇이 있는가?" 라고 묻는다. 쓸데없는 말은 잘라내고 모두가 핵심에 집중하도록 만들기 위해서다. 지금 당장 어떤 결정이 내려져야 할 것인지 모두가 뚜렷하게 알도록 대화하는 기술을 익혀야 한다.

10. 결정의 순간을 회피하지 마라

결정의 순간을 회피하지 말고 결정을 내려라. 그래야 한다. 사람들은 혹여 잘못된 결정을 내려 사업이 잘못되기라도 하면 어쩌나 하는 두려움 때문에 얼어붙어버리고 만다. 그런 두려움을 넘어서려면 당신이 내릴 결정 가운데 일부는 잘못될 수밖에 없다는 점을 인정해야 한다. 잘못된 결정을 몇 번 내리는 것보다 더 위험한 것이 결정을 못하는 일이다. 잘못 내린 결정은 대부분 나중에 바로잡을 수 있게 마련이다.

결정할 줄 아는 사람이 운명을 바꾼다

앤서니 라빈스(잠재능력 개발연구가-옮긴이)는 언젠가 한 세미나에서 이렇게 말했다. "살아 있는 매순간 우리가 내리는 새로운 선택들, 새로운 행동들, 새로운 결과들은 고작해야 한두 가지 결정들의 결과다. 결국 우리의 운명을 규정하는 것은 인생의 조건이 아니라 우리가 내린 결정과 행동들이다.

✛ 적재적소에 인재를 배치하라 ✛

우리가 해야 할 일은 올바른 사람을 올바른 장소에 올바른 계획과 시스템 하에 심어두는 것이다.

사업에 가장 적합한 구조를 창출해내는 것은 결정적으로 중요한 일이다. 그 출발은 언제나 적재적소에 적합한 인재를 가져다 놓는 것이다. 세계에서 가장 뛰어난 비즈니스 모델을 가졌다 하더라도 사람을 잘못 쓰고 있거나, 제대로 된 인재라도 잘못된 곳에 배치해놓았다면 목표를 달성하기 어렵다.

출발선에서부터 훌륭한 구조를 만들어놓는 데 힘을 쏟아야 한다. 단순한 기술자에서 기업가로 변모해나갈수록 구조 자체가 잘못돼 있다면 관리하는 일에만 온통 매달리게 돼 곧 탈진해버릴 것이다.

사업을 한 단계 더 끌어올리기 전에 세일즈, 마케팅, 재정 등에서 각 부문에 알맞은 탄탄한 시스템이 갖춰졌는지 확실히 점검해야 한다. 그래야 스트레스와 긴장을 최소화하며 성장해 나갈 수 있다.

올바른 구조와 적합한 시스템을 갖췄다면 이제 사업가는 사업 내부적인 일들에서 벗어나 사업을 전체적으로 바라보는 단계로 옮아갈 수 있다. 각 분야에서 벌어지는 일들은 각 팀의 보고에 맡기고 일상적 업무에서 자유로워져 보다 큰 그림에 집중하게 된다.

나는 그게 내 직무 역할이라고 생각한다. 관리자들이 전략을 개발해내도록 도와주는 것. 그렇게 간접적인 방식으로 부가가치를 창출하는 것이다.

어떤 기업에든 3가지 핵심 역할이 있다. 세일즈, 마케팅, 운영이 그것이다. 혼자 운영하는 사업이라 해도 오픈할 때부터 제대로 된 구조를 만들어둬야 한다. 나의 첫 번째 조직표에는 내 이름이 이 3가지 핵심 역할 아래 모두 올라 있었다. 나는 사실상 마케팅 대표, 세일즈 대표, 운영의 대표자였다.

아무리 자그마한 사업체를 운영하고 있더라도 꼭 조직도를 그려놓고 모든 자리에 이름을 채워 넣으라. 전부 자기 이름만 올라 있다고 해도 괜찮다. 그리곤 자문해보라. "어떤 핵심 요직에 사람들을 앉혀야 내가 사업의 직접적인 문제를 다루는 데서 해방될까." 운영 부문에 인재를 채용해 앉히고 나면 스스로는 그 일에서 자유로워져 그 시간을 보다 더 세일즈에 쏟을 수도 있다. 혹은 "세일즈도 내가 할 일은 아니다. 세일즈와 마케팅 분야의 전문가를 채용해야 한다. 그래야 사업이 업그레이드될 수 있다."고 생각할 수도 있다.

+ 주요성과지표(KPI)를 정기적으로 점검하라 +

주요성과지표(Key Performance Indicator)야말로 사업이 어떻게 돌아가는지 제때 제때 파악해두기 위해 가장 중요한 수단이다. 사업이 잘 돌아가는지 정기적으로 느끼게 해주며 모든 영역에서

제 궤도를 유지할 수 있게끔 해준다.

이를테면 우리의 주요성과지표로는 매물로 등록된 부동산 수, 월세계약 체결횟수, 웹사이트 방문자 수, 각 지역에서의 시장점유율, 은행에 쌓아놓은 현금 수준 등이 있다.

얼마나 자주 그 주요성과지표를 점검하는가? 마음먹기에 달려 있다. 몇 년 전, 나는 도날드 트럼프에 대한 책을 읽은 적이 있다. 현찰이 시간 단위로 정기적으로 쏟아져들어와 은행에 쌓이고 있었다. 그래서 트럼프는 매시간 은행계정표를 새로 작성해 보고하게 했다. 물론 극단적인 경우일 테지만 중요한 사안들을 꾸준히 챙겨 기억해둬야 할 필요성이 얼마나 큰지 눈을 뜨게 해줬다.

위에서 언급한 회사의 주요성과지표를 우리는 일주일마다 한 번씩 점검해 그 결과를 놓고 주례 경영진 회의를 갖는다. 자기 사업의 KPI가 무엇이며 얼마를 주기로 이를 체크해나가야 할지 정해둬야 한다. 사장인 당신에게 누군가가 이 일을 책임지고 정기적으로 보고하도록 해두는 게 이상적이다. KPI의 추이를 좇는 데 모든 시간을 쏟아붓지 않으려면.

회사의 KPI 추세를 알고 비교하기 위해서는 이를 그래프로 만들어두는 게 가장 좋다. 숫자 하나하나에선 그 의미를 읽어내기가 어렵다. 하지만 비주얼 자료로 만들어 들여다보면 추세가 한눈에 판별된다. 나는 그래프 신봉자다. 그래프는 사업이 어느만큼 성장했는지 혹은 성장이 지연되는지를 한눈에 보여준다. 모든 것을 전체적인 관점에서 바라볼 수 있게 해준다.

＋ 내부 커뮤니케이션 ＋

이메일은 가장 효율적인 내부 커뮤니케이션 수단이다. 나는 이메일을 좋아한다. 이메일은 빠르고 확실하고 직접적인 의사소통 수단이다. 평균 10초 정도면 이메일을 보낼 수 있다. 판매계획서가 아닌 다음엔 맞춤법, 구두점, 지면배열 따위에 크게 개의치 않는다. 이메일은 직답을 얻기 위한 수단이다. 마음속의 의문에 해답이 무엇인지 알기 위해 이메일을 보낸다.

번개(zap) 메일

나는 회사에 긍정적인 에너지가 넘쳐나도록 때때로 번개(zap) 메일을 날린다. 번개 메일이란 직원들에게 긍정적인 피드백을 해주는 잽싼 메일이다. 고객들의 피드백에서 잘하고 있다고 지목된 사원에게 칭찬과 격려의 한마디를 써보내는 것이다.

하루 5통씩은 이런 메일을 보낼 결심을 하고 있지만 어떨 때는 20통까지도 보낼 수 있다. 보통 출근하자마자 메일 보내는 일부터 한다. 직원들이 출근하자마자 메일을 열어보고 긍정적인 에너지를 얻으며 하루를 시작할 수 있게 한다.

음성 떼메일

요즘은 음성메일을 보내는 경우도 많고 때에 따라서는 그룹 음성메일을 보내기도 한다. 나 역시 한 부서의 직원들 또는 전직원들에게 음성메일 메시지를 보내곤 한다.

나는 이 음성 떼메일 아이디어를 세인트 조지 은행장 게일 켈리에게서 얻었다. 어느 날 나는 지금은 세인트 조지 은행의 브랜드 매니저가 된, 당시 부동산 담보대출부에서 일하고 있던 한 여직원과 얘기하고 있었다. 그녀 말이 켈리 행장이 영감을 불어넣어준다는 것이었다. 나는 어째서 그러느냐고 물어봤다. 그녀는 "켈리 행장은 한 달에 한번씩 음성 떼메일을 보내 현재 진행 중인 일, 자신이 구상 중인 일, 그들이 직면한 어려움 등을 알려준다. 나는 그게 정말 좋다."는 것이었다.

이메일과 음성메일은 많은 이들에게 단 2분 안에 재빨리 메시지를 전달할 수 있는 멋진 도구다. 하지만 오로지 그것에만 의존해선 안 된다. 직접 돌아다니며 직원들을 만나는 발품경영(management by walking around)이 꼭 필요하다. 자리에서 일어나 사람들에게 말을 걸어야 한다. 샌드위치나 커피를 함께 들거나 사람들의 책상 곁에 의자를 끌어다놓고 잘되는지 물어본다. 복도에서 또는 엘리베이터 안에서 사람들과 수다 떠는 것도 필요하다. 모두 엄청 중요한 일이다.

직원들에게 영감을 불어넣어라

나는 회사에만 들어서면 고무된다는 이들을 만나면 무엇이 그렇게

카페 커뮤니케이션

우리 회사 내부의 카페는 우리 팀 의사소통의 멋진 중추역할을 담당한다. 사람들 간의 관계를 다지게 만들고 다른 분야에 종사하는 이들끼리 아이디어 교환의 장으로도 활용된다. 나는 사무실의 부하, 영업사원, 마케팅 직원 등 누구와도 테이블에 마주앉아 샌드위치를 먹으며 사업이든 사업 아닌 얘기든 온갖 것에 관해 수다를 떨 수 있다. 이는 엄청난 화합 효과를 가져다준다. 그곳에서 한번 점심을 먹으면 구태여 공식적인 루트를 빌리지 않아도 무수히 많은 유용한 피드백을 얻어낼 수 있다.

＋ 짧고 효율적인 회의 ＋

대부분의 회의는 길어지기 십상이다. 일단 회의를 소집했다 하면 6명을 한 방에 모이게 만들었으니 그것을 정당화할 만큼 충분히 시간을 끌어야 한다고들 생각한다. 하지만 그들의 귀한 시간이 잡담으로 낭비되는 일이 비일비재다.

나는 회의를 짧고 효율적인 것으로 만들기 위해 몇 가지 규칙
을 정해두었다.

- **회의는 최대한 짧아야 한다**—회의 한번에 15~30분가량이면
  적합하다.
- **회의에 참석할 대상은 꼭 그곳에 있어야만 하는 사람으로
  한정한다**—숱한 회의들이 꼭 참석이 필요치 않은 사람까지
  불러모으고 있다.
- **반드시 의제(議題)를 가지고 시작한다**—의제가 없다면 회의
  일정을 다시 잡는다.
- **미리 관련 정보들을 모은다**—읽어둬야 할 내용물이 있다면
  회의 시작 전에 요청해야 한다.
- **정각에 시작한다**—오전 10시에 회의를 하기로 했는데 대상
  자 4명 가운데 3명만 참석했더라도 일단 회의를 시작한다.
  정각에 오지 못한 사람에 대해서는 왜 그랬는지 나중에 얘기
  를 듣는다.
- **참석자들이 지닌 특수한 의제들까지 죄다 끌어내며 회의를
  시작한다**—참석자 모두가 회의 시작 전에 의제들을 미리 훑
  어보고 왔다는 것을 전제로 회의에서 다룰 또 다른 의제는
  없는지 물어본다. 숨겨진 의제들을 끌어내 화이트보드에 적
  어나간다.
- **회의의 목표는 의사결정이라는 것을 기억하라**—회의를 하

는 목적이 바로 그것이다. 참석자들에게 알려야 할 것만 있다면 그렇다고 말해두라. "이번엔 결정해야 할 사항은 없습니다. 우리 부문에서 최근까지 일어난 일과 그것이 여러분들에게 끼칠 영향을 알려드리고 싶을 뿐입니다."

- **정각에 끝내라**ㅡ정각에 끝내는 것은 정시 시작만큼 중요하다. 오전 10시~11시를 회의시간으로 정했는데 제때 끝내지 못했다면 의제를 그대로 다음번 회의로 넘겨라. 그렇지 않으면 끝없이 계속되는 회의로 인해 다른 회의나 약속을 잘라먹게 될 것이다. 무슨 일이든 시간을 엄수해야 더 빨리 진행해나갈 수 있다.
- **결정된 사항을 요약 정리하라**ㅡ실행방안의 요점과 결정사항들을 적어 회람시킨다.

회의 주재자의 역할

회의를 주재하는 의장은 사람들의 의견을 듣고 상호 토론하게 하는 일과 의사결정을 내리고 다른 이슈로 넘어가는 일 사이에서 적절한 균형을 취해야 한다. 회의 참석자들이 자기들 의견이 전혀 받아들여지지 않았다고 느낄 만큼 독재적으로 굴어선 안 된다. 하지만 영원히 토론만 계속하도록 내버려두는 것도 곤란하다. 어느 정도가 적절한 균형인지는 토론 이슈에 달려 있다. 이슈가 큰 것일수록 더 많은 토론시간이 필요하다. 하지만 사소한 일 가지고 회의가 수렁에 빠지도록 해선 안 된다. 때때로 사람들은 토론 자체를 위해 토론할 때가 있다. 나는 종종 이렇게 말한다. "이 문제는 우리 사업에 그토록 중요한 것은 아니다. 그러니까 이젠 결정하자. 여러분 의견을 모두 들어본 결과 이렇게 했으면 한다. 바니의 의견에 동의하고 그 방향으로 나가자. 그랬다가 잘 안 되면 바니가 나중에 다시 문제가 되는 사안을 들고 오고 우리는 재검토하면 된다."

훌륭한 비즈니스 코치, 회계, 고문의 조건

훌륭한 비즈니스 코치, 회계, 고문 등을 찾기 위해선 입소문을 내고 다니는 게 상책이다. 다른 어떤 전문직 서비스라도 마찬가지다. 이메일 한 통이면 업계 사람들로부터 수많은 의견을 재빨리 취합할 수 있다.

채용에는 과거의 실적이 중요한 고려 변수다. 우리의 회계사 겸 세무 전문가인 '벨파트너스'의 안토니 벨도 그 점을 눈여겨보고 채용했다. 질 좋은 서비스를 위해 컨설턴트가 재빨리 회사 사정을 이해해야 한다는 점은 필수다. 안토니처럼 열정적으로 최상의 서비스 제공을 위해 몰두하는 것이야말로 모든 컨설팅 관련 직무 종사자들에게 필수적인 자질이 아닐까 한다.

3

사업에 로켓 엔진을 달아주는 10가지 전략

이제부터 우리의 사업을 즉각적으로 끌어올려줄 10가지 전략에 대해 얘기해보겠다. 그런 전략엔 돈이 들지도 않고 실행 준비 기간도 필요치 않다. 그저 습관과 태도만 바꾸면 된다. 바로 지금부터 실행할 수 있는 것들이다. 이 책의 마지막 장을 덮을 때까지 기다릴 것도 없다. 오늘 당장 시작하라!

사업에 로켓 엔진을 달아주는 10가지 전략

1. '자격을 갖춘' 고객을 더 많이 만나라.
2. 만나기 전에 각종 정보를 미리 보내라.
3. 명함철을 늘려나가라.
4. 테크놀러지를 이용하라.

5. 더 많은 총알을 날려라.
6. 협력하게 하라.
7. 피드백이 피드백을 부르게 하라.
8. 모든 게 완벽해질 때까지 기다리지 마라.
9. 늘 이윤이 날 구석을 확보해두라.
10. 꾸준히 사업의 새 영역을 개발하라.

+ '자격 있는' 고객을 더 많이 만나라 +

오래 전 부동산 업계의 거물 중 하나인 밥 뷜른을 샌프란시스코의 한 회의에서 만났다. 그는 놀라운 비결들로 가득 찬 명연설을 들려주었다. 그 가운데 특히 내 마음 깊숙이 자리 잡은 한마디는 이거였다. "내가 부동산 업계에서 성공한 이유는 매일 '자격 있는' 고객 5명씩을 직접 만났기 때문이다." 이건 아주 단순한 개념이지만 매출을 끌어올리는 데 매우 강력한 영향력을 발휘한다.

자격 있는 고객이란 어떤 이들인가? 당신과 바로 지금 거래를 하고 있는 그 고객, 구매할 준비가 돼 있는 고객이다. 그걸 어떻게 아는가? 잠재고객을 직접 만나기에 앞서 스스로 또는 누군가를 시켜 고객이 구매가 돼 있는지 타진해야 한다. 구매의사를 타진해보기 위해 몇 가지 핵심적인 질문을 던져본다.

나는 잠재고객이 전화를 걸어오면 이렇게 묻는다. "물건을 몇

건이나 보셨습니까? 얼마 동안이나 찾아보셨습니까? 지난 달에 마음에 든다고 했던 부동산을 왜 구매하지 않으셨는지요? 자금은 준비돼 있습니까?" 그들의 '자질'을 알아보기 위해 연달아 10개 정도의 질문을 던진다. 그러고 나니 구매할 준비도 돼 있지 않은 고객을 태우고 물건을 보여주느라 돌아다니는 시간낭비를 할 필요가 없어졌다.

나는 자격 없는 고객에게는 자격을 갖추게끔 도와준다. 자금동원력이 딸리는 고객에겐 이렇게 말해준다. "같이 일하기 전에 자금조달책부터 마련하시는 게 가장 중요합니다. 우리가 다루는 물건들은 금세 팔려나가니까요. 우리는 적정가에 팔고 있는데 시장은 달아오르고 있어요. 손님께서 준비 부족으로 인해 기회를 놓치지 않길 바랍니다." 그리곤 양질의 부동산담보대출기관을 소개시켜준다.

부동산 중개업자를 포함한 많은 세일즈맨들이 이런 식의 고객 자격검증 절차를 거치지 않는다. 어떤 질문을 해야 할지 모르고 훈련받지도 않았다. 고객이 거래할 준비가 됐는지를 알아볼 수 있는 6~8개가량의 질문을 마련해놓아야 한다. 그리곤 고객을 만날 때마다 질문하라.

날마다 자격 있는 고객을 5명씩만 만난다면 회사는 번창할 것이다. 왜 직접 만나는가? 그게 거래하는 데 가장 좋은 길이기 때문이다. 물론 가장 시간을 많이 잡아먹겠지만 분명 가장 효과적인 길이다.

나는 하루의 목표를 분명히 세웠다. 부동산 관련 '오퍼'가 받아들여지게 하거나 계약서 하나를 교환하거나 명단 하나를 확보하는 것이다. 어떻게 하면 그럴 수 있을까? 하루 5명씩 준비된 고객을 직접 만나면 된다.

+ 고객을 만나기 전에 정보를 미리 보내라 +

세일즈의 세계에 속한 대부분의 사람들에게 판매 절차는 다음과 같다. 잠재고객이 전화를 걸어와 상품이나 서비스에 대해 논의하자고 요청한다. 세일즈맨은 약속날짜를 다이어리에 표시한다. 마침내 그는 고객을 만나러 간다.

약속을 정하고 고객을 만나는 사이에 조금만 더 노력을 한다면 매출 실적을 급격하게 끌어올릴 수 있다. 나는 그 잠재고객을 만나기 전 늘 의미 있게 잘 정리된 자료를 보내줘 우리의 서비스에 대해 대략 설명해둔다.

우리 만남에는 시간도 기회도 제한돼 있다. 그래서 나는 이미 부가가치를 지닌 채로 고객 앞에 도착하고 싶다. 또한 그들이 우리 매출 과정을 보다 잘 이해하고 있길 바란다. 사실 나는 1시간 이내에 정보 꾸러미들을 전달한다. 그 속에는 매매 및 우리 회사와 관련된 유용한 정보는 물론 이전 고객의 추천 편지 등도 들어있다.

이렇게 해두면 내가 현장에 도착했을 때 고객은 이미 전문적인 프리젠테이션을 한번 받은 셈이다. 그러다 보니 고객은 저절로 우리의 서비스 쪽으로 마음이 기울어지게 된다.

최근에 나는 사업 파트너로 고려 중이던 한 회사에 깊은 감명을 받은 일이 있다. 만나기 하루 전날 12장에 이르는 파워포인트 설명 자료를 미리 보내주었기 때문이다. 그 속에는 각종 케이스 스터디와 과거의 성공 사례 등이 담겨 있었다. 그 자료는 우리에게 상당히 적합한 것이었다. 그 회사는 즉시 우리의 신임을 얻었다. 나는 자기 회사에 대한 이런저런 허튼 선전들을 갈피갈피 읽고 있을 시간적 여유는 없다. 하지만 그 보고서는 우리를 위해서만 특화돼 특별히 우리 사업과 관련된 이슈들만 거론하고 있었다. 두리뭉실한 프리젠테이션과는 격이 달랐다.

(우리 이사회는 결국 다른 회사를 선택하긴 했지만 그 회사는 보고서 하나 때문에 최종 후보가 2곳으로 압축될 때까지 여전히 우리의 후보리스트에 올랐다. 그러니 우리가 선택한 다른 회사와 일이 잘되지 않는다면 우리가 대신 전화할 유일한 회사가 그곳인 셈이다.)

＋ 명함집을 늘려나가라 ＋

사업은 숫자, 주식, 재고품 등등 많은 것들을 포함하는 일이지만 궁극적으로 남는 것은 결국 사람이며 인간관계인 셈이다. 우리가 알게 되는 사람들, 고객과 피고용인, 하청업체들과 맺고 있는 관계 등이 모두 사업을 해나가는 데 결정적으로 중요하다. 사업의 성패를 가르는 주된 요인이 인간관계라는 것을 알아야 한다.

나는 사업 초창기에 아는 사람이 아무도 없었다. 나는 고등학교를 중퇴한 지 고작 3년이 지난 20세 청년이었다. 몇몇 친한 친구와 축구팀 동료들을 제외하곤 네트워크며 관계가 아무것도 없었다. 나는 향후 인간관계를 위해 하루에 적어도 한 명씩 새로운 사람을 만나기 시작했다.

나는 컴퓨터 데이터베이스에 접근할 수 없었기 때문에 가로세로 3X5cm의 카드를 만들어 신상정보를 기록했다. 거래 내용과 신상정보는 물론이거니와 가족에 대한 정보, 취미, 기타 다음에 만났을 때 상기해낼 수 있을 만한 건 뭐든 적어 넣었다.

몇 년 동안 관계망이 만들어져갔다. 사람들은 자신의 친구나 동료를 소개시켜주었다. 나는 곧 깜짝 놀랄 만한 사업상의 네트워크를 갖게 됐다. 나는 그들 중 많은 이들과 좋은 친구가 됐다.

나는 20년 전 처음 만난 많은 이들과 아직도 우정을 유지하고 있다. 내 친구와 동료들은 내 사업이 확보하는 최고의 자산일 뿐만 아니라 가장 큰 선물이기도 하다.

사업상 만나는 모든 이들과 긍정적인 경험을 나누는 게 중요하다는 것을 잊지 말기 바란다. 그들에 대한 중요한 정보를 획득하라. 그들이 허락한다면 어떤 형태로든 커뮤니케이션을 유지하라. 때론 지루한 일이 될 수도 있다. 매달 1번씩 사적인 편지를 받으리란 걸 기대도 안 하는 이들도 있다. 하지만 우리는 재미있는 편지나 이메일 등으로 그들에게 때때로 소식을 전할 수 있다.

요즘 들어 인적사항을 기록해둘 때 핵심이 되는 2가지가 핸드폰 번호와 이메일 주소다. 사람들이 이리저리로 흘러다니는 세상이기에 집 주소나 직장 전화번호 같은 것들은 항상 바뀐다. 휴대폰 번호나 이메일 주소가 오히려 더 고정적이다. DB를 보다 유용한 것으로 만들려면 향후 인간적인 만남을 가능하게 해줄 만한 내용들을 기록해둬야 한다. 그건 배우자의 이름이 될 수도 있고, 그 사람을 만난 장소, 소개시켜준 사람, 가장 좋아하는 스포츠 팀 이름일 수도 있다. 스스로에게 이렇게 물어보라. "이 사람과 다음번에 만났을 때 써먹을 수 있을 만한 핵심 정보들은 어떤 것일까."

+ 테크놀러지를 이용하라 +

테크놀러지를 이용하면 엄청난 양의 업무를 처리할 수 있다. 10년 전에 하던 방식 그대로 영업하는 이들이 아직도 있다. 한 달에 10개씩 팔다가 요즘 들어선 12개씩 판다. 테크놀러지가 진보하면 10년 전의 사업 규모를 다섯 배는 팽창시켜 줄 수 있다.

나는 사무실에 앉아 5,000명에게 동시에 이메일을 보낼 수 있다. 그럼 고작 2분 안에 그 5,000명이 사업상의 제의나 기회 제공의사 등을 담은 내 메시지를 받아볼 수 있는 셈이다. 비용도 몇 푼 들지 않는다. 이러니 테크놀러지를 안 쓰고 썩힐 이유가 없다. 사업을 발전시킬 테크놀러지가 있다면 이용가능한 범위 안에서 모두 사용하라.

실은 나도 '테크놀러지 마인드'가 잘 갖춰진 사람은 아니다. 하지만 테크놀러지를 업그레이드한 데서 나오는 긍정적인 결과를 구태여 알아야 할 필요는 없다. 광고 조판기가 어떻게 작동하는지 알 필요도 없다. 테크놀러지가 우리의 시간과 비용을 절약해주고 고객들에게 더 나은 서비스를 제공해준다는 점이면 충분하다. 기초적인 결과를 설명해줄 수 있는 직원이나 품질 고문 등만 곁에 두면 된다. 세부적인 사항까지를 소상히 알 필요는 없다.

디지털 카메라 문제

우리는 오랫동안 디지털 카메라 도입을 망설여왔다. 그게 필름을 사용한 전통적 카메라의 품질에 갈음할 수 있을지 확신이 서지 않았기 때문이다. 높은 수준의 화질을 유지하는 일이 필수적이었기에 디카가 훨씬 비용이 절감되는데도 필름만을 고집해왔다. 품질에 있어서는 타협하고 싶지 않았기 때문이다.

하지만 새로운 디카가 나오면서 더이상 품질을 양보하지 않아도 된다는 게 제조업자들의 주장이었다. 그들은 최신 장비로 여러 장의 사진을 찍어 전통적인 방식으로 촬영된 우리 사진들과 비교해줬다. 디지털 사진이 훨씬 나았다. '원-원' 상황이 된 것이다.

우리는 비용을 절감하고 소요시간을 줄였다. 이에 따라 고객들도
집 마련에 걸리는 시간을 단축할 수 있었다.

+ 더 많은 총탄을 날려라 +

캐나다의 전설적인 아이스하키 선수 웨인 그레츠키가 이런 말
을 한 적이 있다. "총을 쏘지 않으면 100% 불발이다." 그 말의 요
지는 과감하게 맞서 위험을 감수하라는 것일 게다. 숱한 총알을
날려야 한다. 위험을 감수하는 데 너무 따지고 도사리지 말아야
한다. 어떤 기회가 최고의 결과를 낳고 어떤 기회가 꽝이 될지 미
리 알 수는 없다.

여러 해 전에 나는 이미 깨달았다. 내가 컨트롤할 수 있는 것은
내 행동뿐이라는 것을. 그리고 그 행동의 결과는 내 손아귀를 벗
어난 다른 어떤 것인가에 불가피하게 달려 있다는 것을. 예를 들
어 나는 마음대로 전화를 걸 수는 있지만 전화선 저쪽 끝에서 흘
러나올 대답은 통제할 수 없다는 것이다.

나는 지난 10여 년간 하루도 거르지 않고 눈뜨자마자 조간신문
부터 찾아 들었다. 세상에 무슨 일이 일어났는지 훑어보기 위해
서다. 조간신문이 사업 기회를 제공하지 않는 날은 하루도 없었
다. 급속히 성장하거나 다른 주(洲)로까지 영역을 넓히는 회사 이
야기가 있는가 하면 이사하는 사람들 이야기가 나와 있었다. 난
그런 기사들을 낚아채어 주인공 회사나 인물에 이메일을 보냈다.

한번은 회사를 팔아치운 뒤 해외로 이주하려는 이의 기사를 읽은 적이 있었다. 나는 그에게 즉시 메일을 보냈다. 그에게는 해안가의 멋진 주택이 있었다. 나는 일단 그의 회사가 팔린 것을 축하한 뒤 부동산을 처분할 의향이 없느냐고 물어보았다. 한참 동안은 답신이 오지 않았지만 어느 날 아침 사무실에 나와보니 만나서 함께 집을 둘러보자는 초대 메일이 와 있는 게 아닌가. 나는 결국 그의 집을 1,000만 달러도 더 받고 매도할 수 있었다. 그 모든 것이 몇 달 전 보낸 세 줄짜리 이메일 덕분이었다.

＋ 긴밀히 협력하게 하라 ＋

10명의 직원이 자기 일만 열심히 한다고 해서 당장 일주일 만에 사업에 진척이 생기는 것은 아니다. 그 다음 달이 되도 눈에 띌 만한 성과는 없을 것이다. 하지만 1년이 지나고 나면 반드시 사업에 손실이 생길 것이다. 직원들이 서로 유기적으로 협력하며 공동전선을 펴지 않는다면 결국 뒤로 밀리고 만다.

당신의 사업에는 직원들의 공동 목표가 있는가? 모두를 하나로 묶어줄 공동 이상이나 목적이 있어 "우리는 정말 이 일에 전념하고 싶어. 우리에게 정말 중요한 일이니 이기심이며 사소한 차이 같은 것은 밀쳐두고 모두 함께 힘을 모아보자."라고 말할 수 있는가.

공동전선을 이끌어내기에 가장 적합한 것으로는 사람들을 기분 좋게 만들어주는 회사의 미션이나 가치 같은 것들이 있다. 나와 우리 팀 동료들로 말하자면 그것은 뭔가 특별한 것을 만들어 우리가 속한 업계의 수준을 한 단계 끌어올리는 것이다. 그저 이익이나 매출의 증대가 아니다. 부동산업을 더 높은 수준으로 향상시키는 것이다. 우리에겐 이런 꿈이 있다. 언젠가 우리 회사가 부동산 업계의 주목을 받은 적이 있다. "이것 봐라, 오스트레일리아의 한 작은 회사가 이런 놀라운 일들을 해내고 있다. 혁신적이고 고객 지향적이다. 이 회사를 연구해볼 필요가 있다."라고 말이다.

우리는 이런 주목을 받고 흥분되고 자랑스러웠다. 저 멀리 외국에서 찾아오는 이들도 있었다. "당신 회사에 대해 많이 들었습니다. 사무실을 정말 둘러보고 싶은데요. 어떻게 이렇게 경영하셨는지 들어볼 수 있을까요?"

세상 그 어느 곳들보다 더 나은 무언가를 일궈내는 일에는 무엇보다 자부심이 따른다. 나를 가장 기분 좋게 하는 것 중 하나가 직원들이 이곳에서 일하는 게 자랑스럽다고 말하는 것을 듣는 것이다. 디너 파티나 바비큐 파티에서 사람들이 어디서 일하느냐고 물어볼 때 "맥그레이스"라고 대답하면 "와! 정말 멋진 직장이죠."라고 말한다는 것이다. 외부의 평가에 팀원들이 으쓱해지면 나 역시 자부심을 느낀다.

✛ 피드백이 확대 재생산되게 하라 ✛

동일한 기간에 한 사업체가 다른 사업체보다 10배 더 많은 실적을 올리는 것은 어떤 이유에서일까? 한쪽이 10배 더 많이 일하기 때문은 아닐 거다. 보통의 기업 오너들은 누구나 하루 12시간씩 일한다.

그것은 내가 붙인 명칭에 따르면 '피드백의 선순환 회로(the positive feedback loop)' 때문이다. 그러니까 이런 식이다. 우리와 거래해서 좋은 실적을 얻은 고객은 또 다른 고객을 소개해줄 것이다. 그리고 그 또 다른 고객은 우리에게 자신의 매물을 의뢰할 것이다. 그럼 그 매물이 또 하나의 광고판 역할을 해 우리는 그 물건에 대해 문의해오는 또 다른 20여 명의 고객과 접촉할 기회를 얻게 된다.

우리에게 대접을 잘 받은 고객들은 자기 친구들에게도 입소문을 내줄 것이다. 그럼 우리는 또 다른 매물 목록을 손에 쥘 수 있을 것이다. 이것이 또 한 번 광고판 역할을 해 '매매완료'로까지 이어질 것이다. '매매완료'가 계속해서 늘어나면 한때 경쟁자와 일했던 중개사도 우리와 손잡게 될 것이다. 우리의 성장세를 눈으로 볼 테니 말이다. 새로운 중개사는 합류하면서 20명의 고객을 데려올 것이다. 이는 다시 4개쯤의 광고판과 3개쯤의 '매매완료' 등등을 불러올 것이다. 이렇게 사업은 계속 커지고 커질 것이다. 급속도로.

사업은 탄력만 받으면 노력을 훨씬 덜 들이는 듯해도 더욱 급속히 성장하게 마련이다. 어느 시점이 되면 노력할 필요조차 없어진다.

때로 작은 기업(실은 큰 기업도 마찬가지다)의 성장을 방해하는 요인 중 하나는 자본력과 에너지가 모자라서 엄청난 성장을 하기엔 역부족이라고 스스로의 가능성을 제한해버리는 경영진들의 믿음이다. 그들은 자기 분야의 우상격인 기업의 성과를 따라잡아 보려는 노력조차 하지 않는다. 산을 타고 오르는 일이란 너무 기력을 소진케 하고 위험하다는 그릇된 신념에 사로잡혀 있기 때문이다.

'피드백의 선순환 회로'를 적극적인 동력으로 삼아보자. 그것이 짧고 제한된 시공간에 믿을 수 없으리만치 놀라운 결과를 창출한다는 사실을 알게 될 것이다.

＋ 완벽만을 추구하다
개선의 여지를 놓치지 마라 ＋

사업상의 성공을 위해선 몇 가지 기본요소들이 동시에 제대로 작동해야 한다. 재정, 생산, 경영, 관리, 판매 및 마케팅 등이다. 이런 기본요소들은 또다시 보다 작은 하위 요소들의 조합으로 나뉘질 수 있다. 사업계획, 제품, 광고, 회의, 전화통화, 부동산 따위다.

만약 나와 우리 팀이 크든 작든 이런 요소들을 모두 '예술 형식'으로 만들기로 했다면 어떨까? 채용이나 인재관리에 있어서 예술 형식을 도입한다면? 세계적 수준의 기업 문화를 창조하는 데 예술 형식을 빌기로 했다면? 회사 문서 책임자가 그렇다면 어떨까? 그 문서들은 보기에도 좋고 레이아웃도 멋지고 채워넣기도 쉬운 예술 형식 그 자체일까? 아니면 그저 지루한 구닥다리 문서일 뿐일까?

사업의 모든 요소들을 계속 다듬어나가야 할 예술작업으로 간주하는 것은 중요한 일이다. 하지만 바로 지금 수중의 것으로 일단 변통해나가야 한다는 점을 깨닫는 것 역시 그만큼 중요하다. 당장의 작동조차 중단한 채 모든 조건이 완벽해질 때까지 다듬어나가기만 할 수는 없다는 것이다.

'완벽'에 가까워지기 위해 작은 변화를 위한 노력이라도 하는 것이 "지금 당장 완벽하게 해낼 용량이 안 된다면 아예 실행하지도 않겠다."고 버티는 것보다는 낫다는 얘기다. 목표는 높게 잡아라. 하지만 그 목표를 향해 한 번에 한 걸음씩만 옮겨라.

어쨌든 사업의 여러 부문들을 개선하려면 가장 좋은 방법은 그것들을 시험해보고 자꾸만 진흙을 묻혀보는 것이다. 아직은 완벽하지 못할 수도 있지만 완벽을 향해 나아가기 위해서는 그게 실제 상황에서 어떻게 작동하는지, 개선해야 할 점은 어떤 것인지 자꾸만 찾아내봐야 한다.

나도 '완벽주의자'이다 보니 실행에 옮기기 전 프로젝트와 관련된 모든 것을 완벽하게 해두고 싶은 마음을 컨트롤해야 할 때가 많았다. 한 친구의 말대로 "모든 신호등이 파란색으로 바뀌기를 기다린다면 차고를 떠날 수 없을 것"이다.

웹사이트를 업데이트할 때면 모든 기능이 제대로 작동되고 모든 활자와 내용물들이 다 갖춰지기 전까지는 대중에게 공개하고 싶지 않다. 하지만 IT 세상에서 내가 배운 것은 일단 사이트를 열고 난 뒤 다듬어나가라는 것이다. 그렇게 하면 사이트를 방문한 이들이 피드백을 해주게 될 것이다. 피드백이야말로 사업을 향상시키는 가장 좋은 방법이다.

이렇게 말한다고 해서 수준 이하의 제품들을 시장에 마구 던지라는 의미는 물론 아니다. 상식적으로 수용할 만한 중간지대라는 것이 있게 마련이다. 이렇게 말이다. "새로운 웹사이트를 구축했다. 30일의 시간을 스스로 주어 이 견본 사이트를 업데이트하자. 그러고 나서 완벽하지 않더라도 일단 오픈하자. 피드백 버튼을 달아놓고 가족과 친구들을 방문하게 하자. 그런 뒤 30일마다 새로운 레벨로 업데이트 해나가자." 그렇게 하면 12개월 내 질 높은 웹사이트가 돼 있을 것이다.

사람들은 조직 내 변화를 생소해한다. 하지만 우리는 변화에 익숙한 조직문화를 만들어나가야 한다. 현재의 위치에서 원하는 곳으로 옮겨가기 위해선 그 길을 따라 중대한 변화들이 일어나야 한다는 점에 다들 동의해야 한다.

때로 우리는 변화에 대한 사람들의 자연스런 저항을 극복해야 한다. 우리는 과도한 혁신에 대한 완충 장치로 90일간의 시험기간을 설정한다. 그 기간 동안 그 방법이 효과적으로 작동하지 않는다면 그만두면 된다. 90일간 손해를 입어봐야 얼마나 입겠는가.

변화에 일정한 틀을 설정해주면 사람들은 꼼짝달싹할 수 없이 됐다는 기분을 훨씬 덜 느끼게 마련이다. 90일은 사람들에게 변화에 적응하고, 피드백을 하고, 새로운 시도를 업그레이드해볼 시간적 여유를 제공한다. 나는 13년간 사업을 해오면서 시장에 배척당할 것을 도입해본 예는 거의 없었다.

우리 팀은 이런 '유예기간'들을 기꺼이 받아들였다. 한 내부 조사에 따르면 우리 회사의 사람들은 지속적인 변화를 선호하는 것으로 나타났다. 7~8년 전만 해도 사람들은 변화가 너무 많다고 느꼈다. 하지만 문화를 계속 바꿔온 결과 이제 사람들은 변화가 가져다줄 것을 두려워하는 대신 다음 단계의 혁신을 고대하게 됐다.

＋ 꾸준한 이윤창출 경로를 확보하라 ＋

나는 사업을 시작하고 4~5년간 이익을 내지 못했다. "내가 제대로 된 일을 하는 걸까? 차라리 직원으로 계속 있을 걸 그랬나? 그랬다면 돈도 더 많이 벌었을 텐데." 등등 딴생각을 하는 게 이런 단계다.

얼마쯤 시간이 지나자 나는 오로지 사업을 구축하는 데만 초점을 맞췄고 안정적인 이익을 창출하는 문제는 등한시해왔다는 것을 깨달았다. 내 목표는 온통 부동산을 더 많이 팔고 고객들을 더욱 만족시키고 매매를 더 성사시키고 '매매완료' 표시를 더욱 늘여나가는 것이었다. 그 역시 나쁜 일은 아니었다. 하지만 그와 함께 이익을 내는 문제에도 초점을 맞췄어야 했다.

내 시야는 이익 쪽을 바라보고 있지 않았다. 오로지 성장뿐이었다. 많은 사업가들이 훌륭한 사업계획, 인력, 멋진 의도를 가지고 있으면서도 도산한다. 이익을 설계할 줄 아는 공학자가 못 되기 때문이다. 그들은 꾸준히 이익을 창출하도록 사업을 설계하지 않는다. 목표는 그저 훌륭한 기업이 아니라 항상 '이익을 내는' 지속가능한 기업이어야 한다. 그저 고객 중심의 사업이 아니라 '이익이 나는' 고객 중심 사업이어야 한다.

통계상 소규모 사업의 90%가 5년 내 망한다고 한다. 왜 그럴까? 이익을 못 내기 때문이다. 실패한 사업의 대부분이 훌륭한 사업이었으리라고 추론해도 된다. 고객 중심의 훌륭한 서비스를 제공하고, 훌륭한 직원들을 뒀을 것이다. 하지만 수익성을 고려하는 대목에까진 이르지 못했다. '죽여주는' 사업계획을 세우고, 근사한 직원들을 고용하고, 혁신적인 마케팅을 도입하고, 제품을 개선하는 것도 좋지만 이윤극대화에도 초점을 맞춰야 한다.

✛ 꾸준한 사업 재발견이 중요하다 ✛

성공적인 사업에는 꾸준한 재점검이 필수다. 제대로 가는지 확인하는 것이다. 또한 성과를 향상시키기 위한 꾸준한 재발견이 꼭 필요하다. 제대로 작동되는 것과 그렇지 않은 것을 알아내야 한다. 내 비즈니스 코치는 '시작' '중단' '계속'을 가지고 이 문제를 설명한다. 무엇을 시작해야 할 것인가? 무엇을 중단해야 할 것인가? 무엇을 계속해야 할 것인가?

정기적으로 나 스스로와 우리의 사업을 점검해야 한다. 올해 해온 일 가운데 중단해야 할 일은 무엇인가? 일관성 없는 배달 서비스? 형편없는 채용실적? 올해는 12명 가운데 10명의 평범한 신입사원을 뽑았는가? 그렇다면 채용 과정을 재검토하자. 훌륭한 채용 방법에 대한 책도 읽자. 채용 인터뷰 때 던질 질문을 바꿔보자.

부동산이 싸구려인가? 낡아빠진 물건인가? 웹사이트, 훈련과정, 개발프로그램, 재무구조는 어떤가? 이 모든 것들을 잘 살펴가며 무엇을 해야 할 것인지에 대해 앞에서 얘기한 질문들을 던져보자.

획기적인 개선은 중요하다. 하지만 사업에서 양적인 도약을 가져다주는 것은 구체적인 사안들 밖에서 생각해볼 때라는 것을 기억하기 바란다. 우리는 사업을 재발견할 방법을 지속적으로 찾아봐야 한다. 테크놀러지, 부가적인 서비스 요소, 새로운 사업

단위, 사업 내에 만들어낸 새로운 역할 등이 될 수도 있다.

예를 하나 들어보려 한다.

미국 항공사 TWA가 1970년대에 비즈니스 클래스란 것을 처음 만들었다. 당시 마케팅 매니저가 생각하기를 비즈니스 고객들은 값을 좀더 지불하더라도 보다 넓은 좌석을 원할 것이라고 내다봤다. 그들은 비행기 내부에 이코노미 클래스보다는 넓고 1등석보다는 싼 비즈니스 클래스라는 새로운 좌석을 실험하기 시작했다.

다른 항공사들은 죄다 그 아이디어를 무시했다. 장사가 제대로 안 될 거라고 했다. 사람들은 앞자리의 거대한 좌석과 고급 서비스 또는 뒷자리의 싸구려 티켓 가운데 양자택일하리라고 여겼다. 하지만 그들이 틀렸다. TWA는 항공 경쟁에서 앞서 나갔고 엄청난 시장점유율을 올렸다.

나는 사업 영역을 총체적으로 새로 개발해낸 이 이야기를 『TWA's』라는 책에서 이미 언급했다. 이 아이디어는 단순히 일개 기업의 사업 노하우를 향상시킨 데 그치지 않고 해당 산업에 혁명적 변화를 가져다주었다. 우리 역시 지속적으로 항상 우리 사업을 미조정(finetuning)해 나가야 한다. 그와 함께 우리가 몸담은 산업의 TWA는 누군지 늘 눈을 떼서는 안 된다.

나는 루디 줄리아니의 『리더십』이라는 책에서 회사 간부진과의 아침 회의라는 멋진 아이디어를 얻었다. 그는 아침 첫 일과로 자신의 핵심 팀원들을 소집해 그날의 행사, 예상 일정, 전날의 일과 등을 훑어본다는 것이었다. 그래서 나도 같은 것을 시도해보기로 했다. 회사 간부진들에게 이를 제안했더니 그들 역시 열성적으로 찬성해 주었다.

우리는 일주일에 몇 차례식 오전 9시에 모였다. 의제는 느슨했다. 기본적으로 하루 계획을 이야기하고 전날의 일을 점검했다. 서로 지원해줄 일은 없는가? 도전에 직면해 있는 이는? 사업에서 대단한 성공을 거둬 이메일을 보내거나 직접 찾아가 축하해 줘야 할 사람은?

그건 정말 멋진 시도였다. 사내 문화를 개선했고 상호간의 존경과 이해를 증진시켰다. 간부진간의 상호협력과 사업 자체에 대한 협조가 이 간단한 아이디어 하나로 극적으로 향상됐다.

제3부
고품격 리더십을 갖춰라

많은 사업가들이 깨닫지 못하는 게 있다. 연말 대차대조표에 나타나는 기업의 실적은 본질적으로 관리 및 리더십 성과 및 질과 연결돼 있다는 것이다. 사업에 성공하기 위해서는 질적으로 훌륭한 리더십과 관리 행태를 개발하는 게 필수적이다.

1
리더의 '그릇'이 팀의 질을 만든다

많은 사업가들이 깨닫지 못하는 게 있다. 연말 대차대조표에 나타나는 기업의 실적은 본질적으로 관리 및 리더십 성과 및 질과 연결돼 있다는 것이다. 사업에 성공하기 위해서는 질적으로 훌륭한 리더십과 관리 행태를 개발하는 게 필수적이다. 이것만 제대로 해내면 다른 많은 것들이 쉽게 수중에 떨어질 것이다.

팀 성과가 만족스럽지 않다면 그 팀 리더가 그 상황에 책임 져야 한다. 성과를 향상시키기 위해 무엇을 했는지 자문해보라. "내게 리더로서의 자질이 부족해 팀원들을 매료시키지도, 유능한 인재를 붙들어두지도 못하는가 보다." 그런 생각 하나가 강력한 출발선이 될 수 있다. 팀을 제대로만 운영할 수 있다면 사업 전체가 변모할 것이다.

＋ 에너지는 수장(首長)으로부터 나온다 ＋

일찍이 마하트마 간디가 말했다. "원하는 게 있으면 우리가 먼저 그렇게 변해야 한다." 이건 리더십에 대해서도 꼭 들어맞는 말이다. 활달하고 열정적이고 의욕과 에너지가 넘치는 팀을 원한다면 자신부터 그렇게 돼야 한다. 문화는 저절로 감지되는 것이지 배우는 게 아니다. 리더가 활달하고 에너지가 넘치면 리더의 긍정적인 에너지가 팀 멤버 모두에게 전달된다. 그럼 미처 깨닫기도 전에 엄청난 에너지로 충전된 팀이 탄생할 것이다.

우선, 자신부터 극히 높은 수준의 에너지를 쏟아부어야 한다. 리더 자신이 쇠약하고 육체적으로 나태해 에너지를 50% 정도만 쏟아붓고 있다면 에너지가 100%로 충전된 팀을 기대할 수는 없다.

자신의 정열을 직원 모두와 나누는 것은 좋은 아이디어다. 나는 매달 1회씩 직원 모두를 모이게 해 최근 내가 열 올리는 게 무엇인지 들려주는 자리를 마련하고 있다. 내 연설은 매우 열정적일 것이다. 사업이 나아가야 할 바에 대한 비전을 강조하고 그 비전이 가져다줄 숱한 짜릿한 결과들을 설명해줄 것이다. 그 열기가 팀 전체로 번져나가게 해야 한다. 리더가 달아오르면 팀도 덩달아 달아오른다!

우리는 모든 간부진, 매니저들, 근로자들이 같은 크기의 책상을 갖는 개방형 사무실을 운영하고 있다. 이런 작업환경은 무수한 잇점들이 있다.

1. 관리자가 자기 팀의 에너지를 쉽게 포착해 필요할 경우 언제든 퍼 올릴 수 있다.
2. 의사소통이 한결 자유롭고 쉽게 이뤄진다.
3. 오너와 관리자들이 정보를 나누고 지원을 해주기 위해 팀에 접근하기가 보다 쉬워진다.
4. '발품경영' 이 가능해진다.
5. 평등주의가 촉진된다.
6. 비용면에서도 훨씬 효율적이다.

＋ 회사의 사명(mission)과 가치(value) ＋

'회사가 어떻게 돼야 한다'고 말한다면 그 말이 곧 회사의 사명을 표현하는 문장이 될 수 있다.

사명을 뚜렷이 알고 있다면 항상 보다 큰 그림을 잊지 않을 수 있다. 이루려고 했던 일을 상기시켜줌으로써 의사결정을 도와준다. 얼마나 사명 달성에 가까이 가도록 해줄 것인가에 따라 여러 가지 대안들을 평가할 수도 있다.

사명이 회사가 이루고자 하는 일이라면 회사의 '가치' 란 그 사명을 어떤 방식으로 수행할 것인가를 반영한다. 회사의 가치란 사업에 있어 가장 중요하게 생각하는 원칙이나 기준이다. 즉 정직, 개방, 열정, 혁신, 효율성 등이다. 그런 가치가 곧 조직의 개성을 형성할 것이고 시장에서 조직의 행위를 이끌어갈 것이다.

우리의 핵심 가치 중의 하나는 통합이다. 그것 없인 아무것도 없다는 것을 잘 알기 때문이다. 우린 겨우 평판 하나를 얻었고 그걸 날려버리면 끝이란 걸 잘 알고 있다. 겸손도 내겐 정말 중요한 가치다. 성공의 안 좋은 점 가운데 하나가 오만해지기 쉽다는 것이다. 우리는 늘 발로 땅을 딛고 서 있으려고 노력한다.

우리는 지역사회에서도 큰 역할을 해야 한다. 우리는 우리를 지원해주고 엄청난 사업기회를 제공해주는 지역사회의 일원이다. 지역사회에 공헌해 그 빚을 되갚지 않는다면 인과응보로 인해 성공이 오래가지 못할 것이다.

어떤 비즈니스 활동을 하건 공통으로 추구해야 할 주제가 회사의 가치다. 따라서 우리는 무슨 일을 하건 겸손한 자세로 지역사회의 발전에 공헌하려고 한다.

우리는 이런 기업 가치를 첫 출근 때부터 신입사원들에게 분명히 해둔다. 입사할 때 신입사원들 모두가 하루짜리 연수를 받는다(영업사원들은 이틀). 나는 그때 늘 기업가치를 첫머리로 언급한다.

고작 하루 연수하고 나서 이 기업가치가 신입사원들의 머릿속에 깊숙이 스며들었으리라고 기대하진 않는다. 따라서 우리는 신입사원 워크샵에서 기업 가치를 반복해서 강조한다.

예를 들어 새로운 임차인과 임대차 계약을 체결하는 문제에 대해 워크숍을 한다고 하자. 이런 상황에도 우리의 기업가치는 스며든다. 어떻게 하면 개방적이고 정직하게 거래할까? 그저 계약서와 펜만 넘겨줄 것인가, 혹은 나중에 문제를 일으킬 수 있는 모든 잠재가능성까지 꼼꼼히 짚어내 충분히 설명해줄 것인가?

당신들은 겸손한가? 고객의 이익을 첫 번째로 놓고 있는가? 고객의 열정과 흥분을 함께 나누는가? 제 시간에 도착할 수 있는가? 겸손의 반대는 오만이다. 자신의 시간이 고객의 시간보다 더 중요하다고 생각하는 것은 오만한 일이다.

우리는 기업가치를 반복해 강조한다. 월례 팀 회의에서, 중간 회의에서, 발표장에서, 1대1 상담 때 그리고 성과평가기간에. 그것은 우리 기업 문화의 정말 중요한 부분이다. 우리 회사 직원 모두가 그 중요성을 새겨두길 바라기 때문이다.

변화는 날마다 일어난다. 하지만 조직의 가치는 한결같아야 한다.

예외에 의한 관리

신뢰와 자율 관리는 우리 회사의 중심적인 문화다. 때문에 우리는 '예외에 의한 관리'를 신뢰한다. 누가 무엇을 잘못하는지 일일이 지켜 서서 체크하지 않으려고 한다. 회사가 무엇을 원하는지 팀 멤버들에게 숙지시키고 나면 그들이 잘해나갈 거라고 믿는다. 그러다가 컴플레인이나 고객의 피드백 또는 관찰 등을 통해 누군가 정상궤도를 벗어났다는 걸 알게 되면 그때야 개입하기 시작한다. 즉시, 공개적으로 공정하게.

+ 역할과 책임을 명료하게 규정하라 +

모든 팀 멤버는 각자 자신의 역할과 책임에 대해 명확하게 알아야 한다. 단순히 직업과 관련해 무슨 일을 수행해야 하는가만이 아니라 사업을 성공으로 이끌기 위해 해야 할 역할이 무엇인지까지.

영리하게 처리해주길 바라는 일들이 10여 가지쯤 기록된 직무내용 설명서(job description)에서부터 시작해도 좋다. 하지만 장기적으론 직원들이 일상의 잡무를 넘어 "부가가치를 창출하기 위해 그밖에 내가 할 일이 무엇일까?" 하고 생각하도록 하는 데까지 이끄는 게 중요하다.

직무내용 설명서 밖의 이런 책임들이 직무내용 설명서 내용들보다 결코 덜 중요한 게 아니다. 세계적인 기업문화를 이루는 데 아주 중요한 요인 가운데 하나다. 팀 회의에 기여하는 것, 동료가 상을 받았을 때 커다랗게 박수쳐 주는 것, 수줍고 겸손한 성격 탓에 남에게 알리지도 못하는 동료의 성공을 알아서 축하해주는 것 등이 모두 그런 하나다.

우리는 직원들에게 직무내용 설명서에 '리더' 또는 '사절' 등의 역할이 명시돼 있지 않더라도 2가지 역할 모두를 해주길 바란다고 알리고 있다. 작업장에 있을 땐 모든 근로자들이 리더가 돼 동료를 지지해주고, 좋은 본보기가 돼주고, 사무실 밖에선 회사를 알리는 사절이 돼 달라는 것이다. 우리가 늘 직원들을 북돋우는 애기들이다.

+ '우리 대 그들'이라는 대결구도의 재앙 +

오만이나 물신적 사고방식 또는 불평등 등이 관리에 끼어들 때 그 결과는 보통 불화로 나타난다. '우리 대 그들'이라는 사고방식은 관리자와 직원들 간의 관계를 불신과 질시로 이끌기 십상이다. 분열적이고 파괴적일 뿐만 아니라 결코 최대의 효율을 올릴 수 없는 상황이 돼버리고 만다. 이런 재앙에 대한 해독제는 투명성 확보와 평등주의다.

우리는 완전히 투명한 조직을 일궈왔다. 다달이 팀원들에게 실적을 공개하고 무엇이 잘되고, 우리가 직면한 도전은 무엇인지 등을 소상히 얘기한다. 지금의 상황, 지금의 실적 바로 그대로를. 티끌만한 것도 감추지 않는다.

맥그레이스사에는 '비밀 사무실' 따위는 없다. 우리 경영진들 모두가 팀원들과 함께 열린 환경 속에 앉아 있다. 사무실을 가진 이는 아무도 없다. 모두 똑같이 1미터 남짓의 작업공간을 배정받아 쓰고 있을 뿐이다. 회의실은 누구라도 그곳에서 무슨 일이 일어나는지 볼 수 있도록 유리벽으로 돼 있다.

누구라도 언제든지 나를 찾아와 앉아서 수다를 떨다 갈 수 있다. 약속도 필요없다. 다른 관리진들도 다 마찬가지 자세다. 나는 '발품경영'의 신봉자다. 나는 오로지 우리 팀 사람들이 보고 싶어 매주 지방 사무실을 찾는다. 때론 아무 할 일이 없어도 사무실에 그저 앉아 있는다. 누군가 찾아와 무슨 일이 잘되고 있고 뭘 그르치고 있는지 미주알고주알 얘기해줄 것이기 때문이다. 그들의 느낌과 의견에 귀 기울이는 것은 몹시 중요한 일이다.

상사를 의식하게 하지 말라

최근 한 친구가 우리 사무실에 같이 있은 적이 있다. 그녀는 예리한 관찰력을 뽐내는 경영학과 학생이었고 사무실을 모든 방면에서 샅샅이 고찰했다. 나중에 그녀는 이렇게 말했다. "존, 당신이 사무실을 돌아다닐 때 아무도 움찔하는 이가 없고, 하던 일이나 자신의 모습을 바꾼 이도 없으니 너무 멋지네요. 다들 자기 할 일만 계속하고 있어요."

자기 생각에는 내가 나타나도 직원들이 행동을 바꾸지 않는다는 게 조직에 대단히 긍정적인 신호라고 느껴진다는 것이었다. 그때까지 나는 그 점을 알아차리지 못하다가 그녀가 관찰한 얘기를 듣고서야 소름이 돋을 만큼 감명을 받았다. 그 말은 한 회사로서 우리가 할 일, 우리가 추구해야 할 가치, 우리가 만들어가고자 하는 문화를 뒷받침해 보여주는 것이었다.

2
세계적인 기업문화를 만들어라

기업문화야말로 경쟁자와의 차별성을 확보해 장기적인 이윤 창출의 토대를 놓는 근본이 된다. 반대로 기업문화가 빈약하거나 아예 깨져버린 곳에서는 아무리 좋은 상품이 나와도 금세 잊혀지고 만다. 기업문화란 시행착오를 겪으며 진화하기도 하고 퇴화하기도 한다. 정력이 넘치는 고객 중심적인 기업문화를 창출해내기 위해 의식적으로 노력하다 보면 성공으로 가는 지름길에 들어서게 될 것이다.

본질적으로 기업문화란 회사에 의해 끌어올려진 에너지다. 대부분의 팀원들에게 늘 스며들어 있는 사고(思考) 과정이다. 어떤 회사나 판매점 등으로 걸어들어갈 때 받는 느낌이나 전화선을 통해 들리는 얘기다. 한 회사의 성격인 셈이다. 따라서 기업문화를 바르게 정립하고 올바로 보존해나가는 일은 의심의 여지없이 중요하다.

하지만 본격적인 얘기를 시작하기 전에 한 가지 고찰해둬야 할 것이 있다. 많은 회사가 그 내부에 복합적인 문화를 안고 있다는 점이다. 한 회사 내에는 각 부서나 관리자 수만큼 다양한 문화가 있을 수 있다. 따라서 기업문화를 공부할 때 마치 다양한 그룹들을 포괄하는 지역사회를 다루는 것처럼 문화의 복합적 측면에 초점을 맞추는 자세를 가져야 할 것이다.

어떻게 해야 세계적인 수준의 기업문화를 창출해낼지, 1970년대의 애플이나 1990년대의 넷스케이프 등 당시의 신생사들이 보여준 파격적인 사례와 정신을 현재 똑같이 구현해나갈 수 있을지 알고 싶다면 이 장을 독파하기 바란다.

＋ 리더는 신바람을 창조해낸다 ＋

내 경험에 비춰 위대한 회사들을 그저 그런 평범한 회사와 갈라놓는 것은 그 구성원들의 신바람이다. 신바람이야말로 회사의 혈관에 흘러드는 보이지 않는 에너지이다.

회사 현관의 안내원에게 말만 걸어봐도, 진열실만 둘러봐도 느낄 수 있다. 세일즈 회의며 작업장의 분위기다. 우연히 만난 직원이 보여주는 직무에 대한 열정이다. 그곳에서 일하는 이들의 눈동자에 튀는 불꽃이다.

나의 가장 중요한 역할 중 하나는 회사 내 신바람을 유지시키는 것이다. 구체적인 매뉴얼이나 지침서 등은 없다. 하지만 몇 가지 사소한 예를 들어보면 어떻게 해야 하는지 그 방법을 짐작할 수 있을 것이다.

나는 일할 때는 늘 최상의 기분을 유지하려 한다. 솔선해 즐겁고 적극적인 태도를 유지하려 한다. 운 좋게도 그러기 위해 스스로를 속여야 할 필요는 한 번도 없었다. 내 일과 함께 일하는 사람들을 사랑하기 때문이다. 늘 흥에 취해 적극적으로 살아가는 것이 얼마나 중요한 것인지 날마다 깨우친다.

우리 회사엔 사무실만 6개다. 우리 팀 멤버는 280여 명에 달한다. 그런데도 내 조수는 어느 날 내가 산만하고 기분이 좋지 않을 때 회사 전체가 활기를 잃는 것을 감지할 수 있었다고 한다. 그 관찰이 얼마나 정확한지는 모르겠지만 1%의 진실만 포함돼 있다 하더라도 리더가 근무 중에 너무 자주 기분이 나빠지면 값비싼 대가를 치러야 한다는 걸 실험적으로 보여준 셈이다.

나는 늘 우리 팀원 하나하나를 다 알아두기 위해 노력한다. 사기 진작에도 좋을 뿐만 아니라 그들이 얼마나 정력적으로 일하는지를 살필 수도 있다. 직원들이 자기 일에 열광하고 있는가? 그 일이 그들의 경력에 도움이 되는가? 업무 외의 일에서 도움을 필요로 하지는 않는가?

이런 것들을 확인하는 것은 쉽지 않다. 나는 일주일에 한 번씩 우리 관리진들과의 대화를 통해 팀원들과 관련된 사항을 챙기려

한다. 추가적인 관심과 지원이 필요한 직원은? 좀더 열을 내도록 독려해야 한다고 느껴지는 직원은?

팀원 개개인을 보다 잘 지원하기 위해 관리진들에게 자기 팀원들과 긴밀한 관계를 가지라고 독려한다. 직원들에 대한 지원은 여러 각도에서 이뤄질 수 있다. 그들의 책상 앞에서 간단히 잡담을 걸 수도, 용기를 북돋는 이메일을 보낼 수도, 배우자 또는 부모에게 전화를 해줄 수도 있다.

나는 때때로 젊은 직원들의 부모에게 안부인사차 전화를 걸어 아들딸들이 회사에서 얼마나 열심히 일하는지 들려주기도 한다. 그처럼 긍정적인 얘기를 들으면 부모들은 열광한다. 간단한 전화 한 통이 우리 회사의 가족을 확장하고 중요한 가교를 놓는 역할을 하게 된다.

내가 가장 좋아하는 일 가운데 하나는 동떨어져 있는 지역 사무실들을 둘러보는 것이다. 나는 종종 뜨거운 계피 도너츠와 카푸치노 등을 챙겨들고 예고도 없이 사무실을 방문한다. 회사 내 일상적이고 공식적인 관계를 깨고 팀원들에게 심리적인 휴식을 가져다주는 멋진 방법이다. 게다가 내가 좋아하는 도너츠를 먹는 보너스까지 챙긴다!

보디 랭귀지

팀원들의 일에 대한 열정을 알아보려면 '보디 랭귀지'를 읽는 게

<h2 style="text-align:center">+ 제휴가 열쇠다 +</h2>

훌륭한 기업문화를 창출하기 위해서는 주요 인물들 즉 파트너, 관리자, 주주 사이의 제휴가 꼭 필요하다. 훌륭한 문화를 가진 회사는 필수적으로 모든 이들이 제휴할 수 있는 공통의 비전과 목표를 가지고 있다. '숨은 의도'를 뿌리 뽑기 위해 꾸준히 노력하고 사내 정치를 달가워하지 않는다.

제휴는 회사 전체에 걸쳐 꾸준한 의사소통이 일어날 때 가장 잘 달성된다. 피고용자들에게 그들이 '알아야 할 것'만 일방적으로 말하던 시대는 오래 전에 가버렸다. 살아 있는 조직은 직원들에게 회사에 대한 모든 것을 얘기한다. 그러면 주인의식이 생겨나고 투명성이 확보된다.

<h2 style="text-align:center">+ 문화의 중요성을 일깨워줬던 뼈아픈 체험 +</h2>

나는 사업을 시작하고 몇 년 안 됐을 때 영업사원 2명을 맞아

들였다. 그들은 세일즈맨으로서 훌륭했을 뿐만 아니라 내 절친한 친구이기도 했다. 하지만 그들이 자리에 앉고 나자 나는 즉시 뭔가 문제가 있다는 것을 느꼈다. 그들은 불편해했다. 그 정도가 아니라 어딘가 안 좋아 보이는 기색이 뚜렷했다. "우리는 퇴사하기로 했네." 어느 날 그들 중 하나가 말했다. 이런! 내가 막 꿈을 가꾸어가고 있던 시기에 맞닥뜨려야 했던 힘든 얘기였다. 그러나 더욱 나쁜 얘기가 남아 있었다. 그들은 우리의 최대 경쟁회사에 입사하기로 했다는 것이다. 설상가상이었다.

훌륭한 직원을 잃는 것만으로도 힘들 판이었다. 그런데 친구 2명이 한꺼번에 길 건너 경쟁사로 들어가다니. 극도로 감당하기 힘든 일이었다. 재정적으로도, 인간적으로도, 모든 면에서.

하지만 나는 즉시 깨달았다. 아무리 유감스럽게 생각해봤자 스스로와 사업에 하나도 도움이 안 되는 일이었다. 그래서 이번에도 '선물'을 찾아보기로 했다. 이런 상황에서도 내게 이로운 게 있을까?

나는 자문해보았다. "왜 어떤 사람은 이곳을 떠나려 하나. 우리는 훌륭한 환경, 경력에 보탬이 될 근사한 기회, 뛰어난 시설을 제공하는데."

3개월쯤 지났을 때 떠난 동료 중 한 명을 만나 이유를 물어보았다. 누군가에게서 왜 나를, 또는 내 회사를 더이상 사랑하지 않게 됐는지 듣는 것은 뼈아픈 일이다. 하지만 한 단계 도약하기 위해선 그런 얘기를 들어야 한다. 나는 그들이 우리 회사를 더 이

상 최고의 직장으로 여기지 않게 된 이유를 듣고는 그걸 개선하
기 위해 변화를 시도했다.

몇 가지만 바꾸면 됐다. 알고 보니 그저 몇 가지 사소한 것들을
뜯어 고치는 것만으로도 문화를 완전히 달라지게 할 수 있었다.
나는 거미줄 앉고 초점을 벗어난 모든 사업 분야를 조직적으로
미조정하고 바로잡고 윤을 냈다. 결과적으로 우리 회사는 한층
개선된 사업체, 더 나은 일터가 됐다. 주주에겐 더 높은 수익성
을 제공할 수 있게 됐으며 앞으로의 성장을 위해 훨씬 더 굳건한
토대를 놓게 됐다.

이 이야기의 교훈은? 직원들이 떠나고 난 뒤까지 기다리지 말
라. 즉시 무엇이 문제인지를 찾아나서라(직원들이 보스 등에 대한
자기 생각을 솔직히 털어놓게 하려면 어떻게 해야 할지는 뒷장에서 설
명하겠다).

소규모 사업은 한순간에 바뀔 수 있다

사업 규모가 작을수록 변화는 더 빨리 일어날 수 있다. 자영업이라
면 그저 스스로 새로운 결심을 하는 것만으로 정말 빠르게 모든 것
을 바꿀 수 있다. 직원이 10명뿐인 회사라도 새로운 비전을 세워
모두를 거기에 전념하게 하는 데 많은 시간이 걸리지 않는다. 하지
만 직원이 2,000여 명 정도 된다면 시간이 조금 더 걸려야 할 것
이다.

＋ 인정해주기 ＋

　관리자나 사장이 일 잘한 부하직원을 인정해줄 때 긍정적인 에너지가 급격히 요동치며 회사 전체로 흘러간다. 인정해주는 방법은 여러 가지다. 얼굴을 맞대고, 팀의 리더를 통해, 혹은 음성메일로도 할 수 있다. 어떤 방식이건 직원들을 인정해줄 줄 알아야 한다.

　언젠가 우리 여직원 하나를 엄청스레 칭찬해주는 고객의 이메일을 받은 적이 있다. 내가 받아본 이메일 가운데 최고의 피드백이었다. 나는 즉각 고객에게 당신의 이메일이 지난 15년간 받아본 것 중에서 가장 긍정적인 것이었다고 답신을 띄웠다. 그리고 그것을 카피해 우리 직원의 담당 관리자들에게 보냈다. 또 이메일을 프린트해 해당 직원의 사무실까지 들고 가서 기쁜 소식을 전했다.

　나는 작은 축하도 해주었다. 그녀가 일을 잘해 이런 피드백을 얻어냈으니 얼마나 자랑스럽고 기쁜지 모른다고 말해주었다. 이처럼 하려고만 들면 직원을 인정해줄 기회는 얼마든지 있다. 인정을 한번씩 해줄 때마다 전 조직에 활기가 돈다. 우리는 '이달의 팀 멤버' 같은 정기적인 시상식도 마련해놓고 있다. 직원과 관리자들이 동료 가운데 후보를 지명하면 그중 베스트 한 명을 뽑는 것이다. 나는 수상자를 팀원들 앞으로 불러낸 뒤 상사로 하여금 왜 그가 이달의 팀 멤버로 뽑혔는지 모두에게 설명하도록 한다.

상사의 말이 끝나면 내가 관찰한 바도 조금 덧붙인다. 그리곤
"이 사람에 대해 그런 경험을 해본 다른 사람 혹시 없습니까?"
하고 물어본다. 한 사람을 영웅처럼 느끼도록 만들어줄 수 있다.
다달이 엄청난 에너지를 창출해내는 셈이다.

긍정적이 돼야 한다. 직원들이 일을 잘 못하는 현장을 잡으려 하기
보다 일 잘하는 모습을 찾아내 상을 주어야 한다.

＋ 멘토링 ＋

멘토링이란 신입사원들에게 기업문화를 불어넣는 훌륭한 방
법이다. 이는 불확실한 일이나 어려움을 만났을 때 언제든 찾아
가 안내를 부탁하고 직무나 조직의 모든 분야에 대해 상담을 할
수 있는 누군가를 신참들에게 붙여주는 일이다.

우리는 모든 신입사원들에게 버디(친구)를 할당하는 '버디 시
스템'을 가지고 있다. 그 버디가 사실상의 멘토(선임 지도자)가 되
는 셈이다.

버디는 보통 조직의 다른 부문에서 일하는 동년배가 맡는다.
버디는 우리 회사 문화를 소개하고 신참들에게 실무적인 지도와

조언을 해준다. 신참들은 자신의 버디에겐 걱정도, 이슈도, 현재 맞닥뜨리고 있는 도전도 다 얘기할 수 있다.

이 일에는 시간제한이 없다. 필요할 때까지 계속되며 버디는 늘 그의 친한 친구가 되곤 한다. 버디 시스템은 신입사원들을 회사에 통합시키도록 돕는다는 점과 상호 지원 환경을 촉진한다는 점 양쪽에서 우리 회사에 굉장히 성공적이었다.

보다 체계적인 멘토링 프로그램으로 '미래 리더 그룹'이라는 것도 운영하고 있다. 젊은 직원들 가운데 경영자로서의 잠재력을 갖춘 10명을 대상으로 한다. 그들과 매달 1회 회합을 갖고 리더십이란 개념을 주제로 얘기를 나눈다. 사업 전략에 대해 좀더 구체적인 부분까지 파고들어 무엇이 잘되고 있고 무엇이 그렇지 않은지를 논한다.

매달 그들에게 비즈니스에 관한 책을 1권씩 읽어오게 한다. 그리고 그들이 배운 것과 그것을 어떻게 사업에 적용시켜야 할지에 대해 토론한다. 구체적인 이슈를 놓고 브레인스토밍(하나의 주제에 대해 구성원들이 자유로이 의견을 쏟아내게 하는 것―옮긴이)을 하기도 하고 회사 돌아가는 상황과 어떻게 하면 그것을 개선할 수 있을지 등에 대한 그들의 피드백도 받아본다.

멘토링의 중요한 잇점은 상황을 잘 알고 자신에 대해 서로 잘 아는 누군가의 지원을 받을 수 있다는 것이다. 또 객관적인 전망을 확보할 수 있다는 점이다. 회사가 비즈니스 코치를 고용하고 있다고 하더라도 꼭 전문적인 비즈니스 코치가 멘토여야 할 필요는 없다.

자신의 생각이 머릿속에서 뒤죽박죽이 돼 도무지 명쾌하게 정
리되지 않을 때가 종종 있다. 주의 깊게 귀 기울여주는 이와 대화
를 나누다보면 이런 생각들이 가지런히 정리되고 평가돼 스스로
의 우선순위를 정하는 데도 도움을 준다.

✛ 가슴으로 이끌기 ✛

훌륭한 기업 지도자들은 어떻게 조직을 이끌어야 할 것인가에
대한 지침을 얻기 위해 이제 스프레드 쉬트나 사업계획의 이면으
로 눈을 돌리고 있다. 그들은 지금까지는 오로지 지적 능력만으
로 문제를 풀어왔지만 그보다 훨씬 더 강력한 영감과 지혜의 원
천이 있다는 것을 깨달아가고 있다. 그게 바로 '가슴'이다.

우리들 하나하나 모두가 스스로를 시장에서 올바로 인도해줄
수 있는 놀라운 내적 지혜와 의식을 가지고 있다. 그것을 우리 속
에 깃들어 있는 지혜로운 부족의 원로라고 생각하자. 그는 우리
속의 공통된 의식을 두드리며 언제나 해야 할 올바른 일을 아는
사람이다. 나는 늘 자신 속의 그런 부분과 접촉하라고 사람들을
북돋운다.

물론 아직도 기업의 문제들을 풀기 위해선 머리를 써야 한다.
하지만 회사가 발전하기 위해 가슴의 역할도 있어야 한다. 나는
둘 가운데 오로지 한쪽에만 의존해 경영을 하지는 않지만 결정의

90% 정도는 최종적으로 머리가 아니라 가슴으로 내린다고 말해야 할 것 같다. 머리는 좋은 것이다. 하지만 가슴은 위대하다. 머리와 가슴이 함께라면 무소불위다.

결국은 신뢰의 문제

가슴으로 한다는 것은 결국 신뢰의 문제다. 스스로를 신뢰하고 팀 멤버들을 믿어야 한다. 마음속에 모든 해답들을 다 가지고도 스스로를 믿지 못하곤 한다. 우리 가슴은 지구상에 가장 훌륭한 길잡이 시스템이다. 스스로에게 이런 간단한 질문을 던져라. "이게 올바른 일로 여겨지는가?"

직감 또는 본능이라고 말하는 이도 있다. 결정을 내리거나 어떤 상황에 처했을 때 느끼게 되는 편안함 또는 불편함 등의 감정이다. 무언가를 하려고 하는데 그게 올바르지 않은 경우 대개는 몸이 그걸 감지한다. 우리 모두는 내부에 그런 감지장치를 지니고 있다. 그걸 두드려 깨우는 법만 알면 된다.

예를 들어보겠다. 지난해 크리스마스 직전 우리의 라이하르트 사무실 주인이 보증금을 5%나 올리겠다고 통보해왔다. 하지만 우리는 시세가 그렇게 오르지 않았고 생각했다(사실 우리 느낌으로는 시장은 오히려 하향곡선을 그리고 있었다). "운이 나쁘군. 집주인이 유독 이럴 때 5%를 올려달라고 하다니." 우리는 인상된 보증금을 낼 능력이 안 되는 건 아니었지만 일단 좀 두고 보겠노라고 주인에게 말해두었다.

우리 수석 운영이사가 내게 와서 보증금 인상분을 낼 용의가 있느냐고 물었다. 하지만 나는 "썩 내키지 않네."라고 말했다. 그는 "주인은 한 달의 말미를 줬고 우리는 직원이 30명이나 됩니다."라고 말했다. 어려운 상황이었다.

하지만 어쩔 줄 몰라 쩔쩔매기보다는 속으로 내 입장을 정리해보았다. "이것은 일어날 수밖에 없는 일이었다. 집주인은 뻣뻣하게 나오도록 돼 있었고 크리스마스 이브 직전에 우리를 쫓아내게끔 돼 있었다. 왜냐하면 더 나은 기회가 우리를 기다리기 때문이다." 나는 그에게 말했다. "걱정하지 마. 더 좋은 사무실을 찾을 거야."

2개월 뒤 그는 나를 찾아와 이렇게 말했다. "우리 부서가 길 하나 아래의 근사한 사무실을 보고 왔어요. 꼭 우리가 찾던 그런 물건이에요. 임대료도 싸고 더 크고 확장할 수 있는 여지를 주는 곳이에요."

나는 다음날 즉각 차를 몰고 가 정말 완벽한 사무실이라는 것을 눈으로 확인했다. 나는 즉각 부동산 중개사를 불러 새 계약에 서명했다. 우리 새 집주인은 우리가 자기 건물로 옮겨오는 데 신이 나서 계약서에 서명할 때 작은 기념식까지 가지고 싶어했다. 손수 열쇠를 건네주었고 가족과의 저녁식사에 초대해주기까지 했다.

직감을 믿고 마음을 따라간 결과 우리는 기술적으로 우리를 쥐어짜려는 주인 밑에 놓일 무시무시한 상황에서 멋진 새 사무실과

우리를 반겨주는 주인을 만나게 되는 처지로 바뀌게 됐다. 그것
은 완전히 다른 상황이었다.

3

최고의 직원을 선발하라

좋은 사람을 찾기란 힘든가? 인재는 항상 결핍상태인가? 우리는 늘 더욱 많은 인재를 원하고 그런 이들을 쉽게 만날 수 있다면 더할 수 없이 근사할 것이라고 생각한다. 하지만 현실에선 언제나 자신이 감당할 능력만큼의 인재만을 찾아낼 수 있게 마련이다. 일거리를 찾아 길거리를 배회하는 사람들의 질을 바꿀 수는 없다. 하지만 인재를 매료시키고 이직하지 않도록 지켜내는 능력을 키울 수는 있다.

기업체 사장들 가운데 이런 말을 하는 이들이 많다. "도무지 좋은 사람을 못 찾겠다." 또는 "인재는 한 직장에 머물러 있질 못하고 늘 도약해 자신의 일을 하고 싶어한다." 하지만 인재를 끌어들여 오래 머물도록 하는 훌륭한 조직들도 지구상엔 많다.

일주일에 20~30건씩의 일자리 문의가 이메일로 들어오니 우리
는 운이 좋은 편이다. 그만큼 평판을 쌓아왔고 사람들이 누구나
겪어보고 싶어할 만한 기업문화를 만들어왔다. 하지만 구직자가
먼저 문을 두드리건, 구인자가 직원을 찾아 나서건 질적으로 최
상의 채용을 할 수 있게 하는 몇 가지 방법이 있다.

✛ 입사지원자들에게 바라는 점 ✛

우리 회사 입사 지망생들이 갖춰줬으면 하고 바라는 본질적인
특성은 다음과 같다.

- **열정**—상품지식이나 판매기술 등은 가르칠 수 있지만 열정을
  가르칠 수는 없다. 일에 대한 열중, 열망, 에너지 등은 스스로
  갖추거나 그럴 수 없거나 둘 중에 하나일 뿐이다.
- **결의**—세일즈나 고객 서비스 환경을 비롯해 빠르게 성장하
  는 사업 분야에는 어디나 어려운 도전들이 도사리고 있다.
  이런 모든 것을 뚫고 나갈 수 있다는 결의로 무장돼 있는 직
  원이 필요하다.
- **유연성**—변화에 저항하기보다는 적응할 수 있는 능력. 우리
  는 확실히 변화가 많은 조직이다. 내년의 일처리 방식이 올
  해의 그것과는 급진적으로 다를 것이다. 그런 변화들에 자연
  스레 적응해나갈 수 있는 인재를 찾는 일이 정말 중요하다.

- **야심**—우리는 오만은 허용하지 않지만 야심은 필요로 한다. 우리는 진보하고자 하는 직원을 원하며 똑똑한 직원이라면 더욱 훌륭한 서비스를 제공하고 기술을 연마하는 것만이 진보의 길임을 깨달을 것이라고 생각한다.

- **균형**—우리는 물론 열심히 일할 준비가 돼 있는 직원을 필요로 한다. 하지만 인생에는 일 한 가지보다 더욱 많은 것이 있다는 것도 잘 알고 있다. 사람에겐 누구나 자신만의 인생이 있다. 그게 가족이 됐건 업무 이외의 다른 열정을 좇는 일이건 간에. 이런 자기 인생의 가치를 지키면서도 우리와 함께 일할 수 있다. 우리는 일 외적으로도 충실한 삶을 사는 이들이 오로지 부동산 한길밖에 모르는 이들보다 훨씬 재미있고 고객 서비스도 더 잘한다는 것을 알게 됐다.

- **통합**—인생은 통합을 모르는 사람을 길들이기엔 너무 짧다. 화려한 부동산 세일즈 실적도 통합이 없이는 무용지물이다. 나는 결산서 상의 회사 순익을 한 해 몇 백만 달러씩 끌어올리는 문제에는 크게 관심이 없다. 화합할 줄 모르면서 실적만 화려한 영업사원을 채용하느니 화합할 줄 아는 적합한 인재를 찾을 때까지 기다리겠다.

- **명료한 목표의식**—자신이 어디로 향해야 할지, 무엇을 원하는지, 무엇을 기대할 수 있는지 분명히 아는 사람이 필요하다. 나는 이렇게 물어본다. "5년 후에 자신의 모습은 어떨 것이라고 생각하는가?" 스스로 그리고 있는 계획을 명확하

게 표현할 수 있는 사람을 높이 평가한다.

- **책임감**—일주일 내내 좇아다니며 일일이 손을 잡아줘야 하는 사람을 원하는 곳은 없다. 스스로를 책임질 줄 아는 직원이 필요하다. 한 발 더 나아가 모든 문제에 총체적으로 책임을 지고 남을 탓하지 않는 직원이어야 한다. 이 문제에 대해서는 왜 전 직장에서 옮겨 왔느냐고 질문해보면 뭔가 단서를 얻을 수 있다. 질문 받은 이가 전 직장의 상사나 동료 등등을 비난하기 시작한다면 스스로 책임을 지려고 하지 않는 인물임을 입증하는 셈이다.

- **개성**—입사에 적합한 특정한 성격 유형이 있는 건 아니다. 그저 같이 지내기에 즐거운 기질이기만 하면 된다.

유능함보다는 태도가 더 중요하다

입사 희망자들을 인터뷰할 때는 통상 직무 상의 능력보다는 태도를 더 중요시한다. 사무직 종사자가 1분에 50단어를 타이핑하든, 90단어를 타이핑하든 우리의 주요 관심사는 되지 않는다. 타이핑은 그저 적절한 속도로 할 수만 있으면 된다. 중요한 것은 이 조직에서 일하고 싶다는 열망이 강렬한가, 겸손하고 오만하지 않으며 우리에게 완전히 정직한가 하는 점이다.

＋ 이력서에서 눈여겨보는 것 ＋

본질적으로 이력서란 세일즈 서류다. 따라서 내게 더욱 중요한 것은 프리젠테이션(세일즈 설명회)이다. 나는 레이아웃이 좋고 이해하기 쉬우며 세부적인 데까지 꼼꼼히 신경 쓰고 정보를 흡수하기 쉽고 약간의 개성만 보여준다면 좋은 인상을 받는다. 그렇지 못하다면 세일즈 설명회에서 신의 가호를 기대해야 할 것이다.

나는 자잘한 세부사항까지 다 읽지 못한다. 수백 장씩의 이력서를 받기 때문이다. 첫줄부터 끝까지 다 읽어본 경우란 한 번도 없었던 것 같다.

불필요한 세부사항이나 난삽한 자료 없이 핵심으로 바로 들어가는 것을 좋아한다. 따라서 나는 책상 위에 놓이는 가장 완벽한 이력서로는 간략히 요약된 지금까지의 이력, 미래 포부, 진실한 자신에 대한 묘사, 자신의 강점과 업무분야의 개요 등이 모두 담긴 근사하게 레이아웃된 1페이지짜리를 꼽는다.

이력서를 던져버려라

신입사원을 면접할 때는 이력서 따위는 던져버리고 그들의 눈과 가슴을 들여다보며 자문해보라. "이 사람에게 일을 훌륭하게 해내려는 열정이 있는가?" 다른 사람들과 자신을 차별화시키려는 빛나는 열정을 찾아라. 그게 더 중요한 것이다.

✦ 면접에서 물어봐야 할 것 ✦

많은 관리자들이 면접에서 제대로 된 질문을 하지 못한다. 그래서 그렇고 그런 답변들만 얻곤 한다. 대부분의 응시자들이 면접장에서의 질문에 대해 사전에 대처할 방법을 생각해둔다. 마치 영화배우처럼 자기 역할을 미리 준비하는 것이다. 따라서 그들이 미처 예상치 못한 질문을 던져야 한다. 그들의 인생계획과 열정에 대해 물어보라. 그들의 진정한 자아를 두드려 깨우라.

이력서를 한번 죽 훑어보며 응시자들에게 자기소개나 약간씩 하게 만드는 전통적인 면접 화법에서 벗어나라. 면접관이 바라는 상에 자신을 꿰맞추게 하기보다는 응시자들이 있는 그대로 자신의 본질을 보이도록 유도하라.

나는 종종 이런 질문을 던진다. "당신이 잘 못하는 것은 무엇인가?" 그것이야말로 스스로를 저도 모르게 드러나게 만드는 질문이다. 나는 자기 자신에게서 향상시켜야 할 부분을 잘 알고 있는 사람을 존중한다. 자신이 못하는 게 무언지 한 번도 생각해본 적이 없는 이라면 우려할 수밖에 없다.

세상에 완벽한 사람은 없으며 아마 모든 사람이 지금 이 순간에도 자기 인생에서 부족한 뭔가를 개선하려 힘쓰고 있을 것이다. 때문에 이런 질문도 할 수 있다. "현재 도전에 직면해 사고방식의 일대 변경이 필요하다고 생각하는 프로젝트나 상황은 무엇인가." 인생이 가져다준 도전을 그들이 어떻게 다루고 있는지,

사고방식은 어떤지 실마리를 찾아보고 싶은 것이다.

극도로 세련된 프리젠테이션을 하는 이들도 있겠지만 그것만으로 우리 회사에 적합한 인재라고 판단할 수는 없다. 나는 종종 누군가의 집을 방문해보곤 한다. 특히 고참들에 대해 잘 쓰는 방법이다. 그들이 일하지 않을 때 어떤 모습인지 보고 싶어서다. 불시의 방문을 받은 이에게선 뭔가 다른 에너지를 엿볼 수 있다. 양복을 갖춰 입고 사장을 만나러 들어올 때는 알 수 없었던 그에 대한 뭔가를 찾아보고 싶기 때문이다.

입사지망자가 있으면 우리 인사부장이 항상 1차 면접을 한다. 그 다음 자신이 몸담을 부서장과의 인터뷰가 기다리고 있다. 대개의 경우 내 면접은 최종적인 것이다.

그들에게 내가 면접할 것이며 면접 시간은 5분 이상 걸리지 않을 것이라는 점을 미리 말해둔다. 그들이 한 시간 동안 이곳에 있게 될 거라는 예상을 하게 되길 바라지 않는다. 그들은 기분 상할지 모르지만 나와 면접하려면 어쩔 수 없다. 나는 직감에 몹시 의존하는 편이다. 응시자의 눈을 쳐다보고 몇 마디 말해보면 벌써 느낌이 온다. 때론 대기실에 앉아 있는 그들의 모습만 보고도 누가 적절한 인재인지를 가려낼 수 있다.

응시자들을 평가하는 영리한 질문들

— 처음부터 끝까지 스스로 완성했던 성공적인 프로젝트가 있으면 얘기해보라. 어떻게 해냈나.

- 마감 압력이 가해질 때 어떻게 하는가?
- "너무 열심히 일한다"는 것에 대해 어떤 정의(定議)를 갖고 있나?
- 인생의 스트레스를 어떻게 관리하는가?
- 우리 회사에 이 직책으로 입사하게 된다면 첫 30일간 하고 싶은 일들은 무엇 무엇인가?
- 팀으로 일하는 환경에서 보통 어떤 역할을 맡는가?
- 자신의 약점은 무엇인가?
- 나를 당신이 살고 있는 교외지역으로 이사하도록 설득해보라.
- 가장 자랑스럽게 생각하는 일은 무엇인가?
- 지난 12개월간 스스로 어떻게 변해왔나? 가장 크게 개발된 것들은 무엇인가?
- 자신의 경력과 직위에서 가장 중요한 것은 무엇인가?
- 어떤 유형의 리더 아래서 가장 일을 잘할 수 있나?

✛ 사람들은 회사를 보고 입사하지만 리더를 보고 떠난다 ✛

일반적으로 사람들은 평판이 좋은 조직에서 일하고 싶어한다. 면접 과정을 성공적으로 마친다면 조직에 합류해 꿈꾸던 직종에서 뿌리를 내리고 싶어한다. 하지만 사람들은 그 과정에서 개인적으로 충족을 느끼지 못하거나, 환경이 자신을 제대로 북돋워주지 못한다고 느껴지거나, 직무를 훌륭하게 수행해나가기 위해 필요한 것들을 확보하기 어렵다고 생각하게 되면 다른 일자리를 찾아보기 시작한다.

직원들은 누구나 자신의 경력을 새로운 단계로 도약시킬 기회를 얻고 싶어한다. 그렇게 하려면 조직 내 일정한 조건이 갖춰져 있어야 한다. 이런 조건을 창출하는 이가 리더다. 직원들이 조직에 붙어 있질 않는다면 대부분 그 리더가 그들의 욕구를 충족시켜주지 못하기 때문일 것이다.

팀원들은 2류가 되기 위해 아침에 일어나 직장에 오는 것이 아니다. 하지만 도처에서 직원들이 부진한 성과를 보이고 있다. 어째서 이런 단절이 발생하는가? 기회가 주어지지 않기 때문이다. 누군가 다음 레벨로 스스로를 끌어올리라고 격려해주는 사람이 없어서다. 이 모두가 리더십의 문제로 귀결되는 것이다.

4
사업을 번창시키는 리더십

사업의 질은 그 수장(首長)의 수준을 결코 넘어설 수 없다. 사업의 성공이나 실패 여부는 보통 한 개인이나 소그룹의 행태에 의해 결정된다. 기업 문화가 바로 리더십 행태에서 우러나오기 때문이다.

사업을 꽃피우고 싶다면 먼저 스스로가 성장해야 한다. 아주 간단한 문제다. 스스로 리더로서 지속적으로 진화해나간다면 사업은 자동적으로 리더를 따라올 것이다. 바로 지금 시작하라. 이 장에서는 사업을 번영으로 이끌 리더의 필수 기술 몇 가지를 들려주고자 한다.

CEO의 역할 가운데 내가 가장 좋아하는 것은 '발품경영'이다. 나는 몇 년 전 톰 피터스(미국의 세계적인 경영이론가—옮긴이)의 책 『탁월함을 찾아서(In Search of Excellence)』에서 이 경영학 용어를 발견했다. 피터스는 이 책에서 경영자는 상아탑에서 내려와 직원들과 함께 있어야 한다고 말했다.

처음 2년간은 전 직원이 같은 사무실을 썼기에 이 이론을 실천하기가 쉬웠다. 모두와 다 알고 지내며 그들을 지지해주고 중요한 문제에 대해 서로 의사소통하는 일은 쉬운 것이었다. 이때는 바야흐로 '실시간 보고'의 시기였다. 누군가 전화통화를 하면 적어도 직원의 절반은 듣고 있기 때문에 비밀이 있을 수 없었다.

이후 회사는 성장해 지금은 6개 지사에 300여 명의 직원을 거느리고 있다. 나는 일주일에 이틀은 지사를 돌아다니느라 소요하고 있다. 그러면서 살아 뛰는 맥박을 느끼고 새 팀원들을 만나고 누구라도 나와 1대1로 대화할 기회가 있다는 것을 알려주고 있다.

샘솟는 아이디어

평등주의적인 기업문화의 가장 중요한 잇점 가운데 하나는 직위 고하를 막론하고 의사소통이 가능해진다는 점이다. 우리 회사의 많은 아이디어가 경영진에서 하달되는 하향식이 아니라 팀원들에게서 올

✛ 인 재 관 리 ✛

'우리 모두는 결국 인재관리 사업을 하는 셈이다.'

—마틴 소렐

경영자나 사장의 업무 90%는 인재관리다. 도전이나 쟁점의 90%가 직원에게서 나오며 승리, 성공, 기업 성장의 90%도 직원 덕분이기 때문이다.

테크놀러지가 기업활동을 가능케 하고 마케팅이 전화벨을 울리게 할지는 몰라도 궁극적으로 사업을 앞으로 나아가게 하는 데 가장 큰 영향을 끼치는 것은 사람의 품질이다.

농구팀 LA 레이커스의 CEO가 가장 중점을 두는 일은 뭘까? 아마도 가장 우수한 팀을 꾸려 유지시켜 나가는 일일 것이다. 사업도 이와 똑같다.

사업을 할 때는 초점을 맞춰야 할 3가지 그룹이 있다. 우선 순위를 따지자면 다음과 같다.

　1. 직원

2. 고객

3. 주주

나는 사무실에 앉아 어떻게 하면 주주에게 더 많은 돈을 벌어다줄까를 생각하며 하루종일을 보내지 않는다(주주의 재산 증대는 직원들을 돌보다보면 자연스레 따라 나와주는 부산물이다). 우리 회사는 지극히 고객 중심적이긴 하다. 하지만 나는 "고객을 위해 오늘 할 일은 무엇인가?"라는 말을 하며 앉아 있지도 않는다.

내 생각의 대부분을 차지하는 것은 직원들이다. 어떻게 하면 우리 직원들에게 더욱 많은 권한을 줄까? 어떻게 그들을 더욱 신명나게 만들까? 더욱 집중하게 할까? 고객에게 더 많은 것을 전달하게 할까? 물론 고객이나 매출도 신경 써야 한다. 하지만 다른 무엇보다 최우선으로 몰두해야 할 것이 인재 관리다.

직원 개발에 주의와 에너지를 기울임으로써 도미노 효과를 얻어낼 수 있다. 사장이 직원을 잘 돌보면 직원들은 자연스레 고객을 잘 보살피게 돼 있다. 그들이 고객을 잘 살피면 연말엔 자연스레 탄탄한 순이익이 돌아올 것이다.

직원을 몰입시켜라

"숫자는 나중에 나오는 결과이다. 직원의 행동을 바꾸면 사업을 변화시킬 수 있다."-딕 브라운 'EDS 의장 겸 CEO'

모든 사업은 엑셀 스프레드시트 상으로는 막대한 이윤을 남기도록 계획된다. 하지만 실제로는 많은 기업이 고전하거나 부도를 낸다. 성공이란 분명 계획, 데이터, 테크놀러지, 재정만으로 가능한 일이 아니다.

직원을 일에 몰두하게 해야 한다. 그들이 제자리에서 신명나서 일하도록 해주어야 한다. 그들은 고객을 사랑하는가? 회사의 계획에 협조하는가? 회사가 두드러진 성과를 낼 때 그들이 얼마나 이에 기여하는 역할을 하는지 이해하고 있는가? 그들은 일하는 게 즐겁고 신날까? 사업이 더 잘되길 바란다면 직원들의 행동부터 바꿔야 한다.

만족감 = 직원 유지의 비결

평생 직업이란 이미 옛말이 돼버렸다. 요즘은 자기 자리에 만족하지 않으면 미련 없이 떠나는 시대다. 인력이 급격히 부유화(浮遊化)되고 있기 때문에 대부분의 기업이 직원 유지를 커다란 과제로 삼고 있다.

팀원들을 지켜내기 위해서는 그들이 기량을 향상시키고 잠재력을 최대한 발휘할 수 있도록 도와줘야 한다. 직원들은 오로지 금전적인 이유 때문에 일자리를 버리진 않는다. 대부분 만족스럽지 못하고 재미를 느끼지 못한다는 것이 이직의 이유다.

내가 만나본 소규모 사업을 영위하는 오너 대부분이 직원개발에 대해 두려움을 품고 있었다. 그들은 "직원을 훈련시키고 싶지 않다. 실컷 훈련시켜 놓으면 그들은 떠날 것이다. 나는 돈과 노력만 낭비한 셈이 될 것이다."라는 태도를 취했다. 이렇게 되면 팀의 실적은 평균 이하로 떨어질 것이다. 오너들은 직원들이 그저 회사에 붙어 있기를 바라며 하릴없이 맥 놓고 있을 수밖에 없다.

결국 선택의 문제다. 직원들이 떠날 수도 있음을 감수하고 그들을 훈련시키고 개발할 것인가, 훈련이나 개발을 시키지 않은 채 주저앉게 할 것인가. 어느쪽이 더 위험한가.

내 경험에 따르면 직원들을 개발하고 격려하고 지지하고 지도하고 그들에게 새로운 기술을 가르치고 개선의 여지를 주는 것이 좋다. 또한 그들이 얼마나 회사에 기여했는지를 칭찬해준다면 아무도 떠나지 않을 것이다.

<h2 align="center">＋ 학습하는 분위기 ＋</h2>

우리가 신입사원 면접 때 꼭 이해시키고자 하는 한 가지는 우리 회사가 '학습조직'이라는 점이다. 나는 늘 신입사원에게 말한다. "만약 여러분이 정말 배우길 좋아하고 늘 새로운 정보를 추구하는 사람이라면 이곳은 지구상에서 최고의 직장이다. 하지만 이미 배울 것은 다 배웠다고 생각하는 수준이라면 곤란하다. 우리 회사를 싫어하게 될 것이기 때문이다."

우리는 항상 팀원들에게 이 직장에 근무하는 한 가능한 많은 것을 배우길 바라며 기왕이면 그 근무기간이 영원하기를 기대한다는 점을 전달해준다. 하지만 평생직장이 되지 못하더라도 역시 가능한 한 그들이 많은 것을 배웠으면 한다. 학습은 우리 기업 문화의 커다란 한 부분이다.

우리 회사에는 경영 및 자기계발과 관련된 다양한 장서를 갖춘 도서관이 있어서 직원들은 오디오테이프나 책을 빌릴 수 있다. 나는 웹사이트에서 재미있는 글을 발견하면 링크를 걸어서 팀원들 모두에게 이메일을 보내 읽어보도록 독려한다.

우리 영업팀은 금요일 아침마다 정기적인 훈련 모임을 갖는다. 이 자리에서 우리 수석 중개사는 다른 팀원들에게 유용한 실전경험 등을 들려준다. 신참 중개사들이 특정한 상황을 어떻게 다뤄야 하는지, 경력 초기에 도움이 되는 것들은 무엇인지 등에 대해 경험 많은 선배들의 두뇌를 빌려보는 질의응답 시간도 마련된다.

조직 내 다른 팀들과 정기적인 정보교환을 위한 포럼도 연다. 큰 잠재력을 지닌 것으로 보이는 젊은 직원들의 자기계발을 독려하기 위해 '미래 지도자 그룹'이라는 제도도 운영하고 있다. 여직원들을 대상으로 한 '여성 그룹'도 있다.

이런 정보축들로부터 전사적(全社的)인 파급효과가 일어난다. 우리 조직에서는 교육 및 정보공유의 75% 정도가 또래집단을 통해 이뤄지는 것으로 추정되고 있다. 예를 들어 내가 우리 리더들을 상대로 지도 회의에서 정보나 조언 등을 전달하면 그들은 다시 자기 팀원들에게 들려줘 정보가 삼투압현상처럼 퍼지게 만드는 것이다.

우리는 진정 '학습기업'이다. 우리는 직원들이 그저 학습을 예상하는 수준이 아니라 적극적으로 다음 지도 회의나 유용한 이메일 정보를 고대하는 그런 정도의 기업문화를 창출해냈다.

<h1 style="text-align:center">✛ 성공 목록 체크리스트 ✛</h1>

몇 년 전 나는 소규모 회사 기업인들을 대상으로 강의를 한 적이 있다. 시드니 루스터스 럭비리그팀의 코치 필 굴드가 내 바로 직전의 연사였다. 나는 청중들 사이에 앉아 그의 강의를 듣게 됐다.

오스트레일리아 및 뉴사우스 웨일즈 대표팀 코치를 지내고 숱한 성공 기록을 보유한 굴드는 오스트레일리아의 가장 위대한 축구 코치 가운데 하나라고 생각된다. 그는 자기 팀 선수들에게서 최상의 기량을 끌어내기 위해 자기가 사용하는 전략 몇 가지를 소개했다. 나는 거기서 우리 팀의 실적을 향상시키기 위한 훌륭한 아이디어들을 얻었다.

한 시즌을 시작할 때마다 굴드는 30여 명에 이르는 선수들을 모두 불러모아 놓고 믿을 수 없을 만큼 세부적인 자기기술 평가서를 작성하게 한다는 것이었다. 자기평가라는 것 자체는 경천동지할 아이디어가 아니었지만 내 주의를 끈 것은 그 세부적인 사항들이었다.

일부 코치들은 선수들에게 그저 기본적인 자기평가를 시킨다. 가장 수세적인 게임은 어떤 것이었나? 공격적인 게임은? 전략은? 체력은? 등등. 하지만 굴드는 선수들로 하여금 자기 경기의 정말 사소한 세부사항까지 파고들어가게 했다.

그는 이렇게 질문했다. "본인의 왼쪽 패스는 어떤가? 오른쪽 패스는? 롱 패스는? 숏 패스는? 홈 경기에 대해 심리적으로 어느 정도 준비되는가? 어웨이 경기에 대해서는? 주중의 식단은 어떤가? 경기 중의 식단은?" 등등 여섯 페이지에 걸쳐 설문을 했다. 선수들로 하여금 아주 구체적인 부분까지 평가하게 함으로써 경기에서 개선해야 할 점을 알게 만드는 것이다.

너무 멋진 아이디어 같았다. 나는 즉시 우리 회사에 도입키로 했다. 예를 들어 부동산 중개사는 자신의 매물을 잘 알고 있어야 한다지만 구체적으로 그 안다는 게 무슨 뜻인가? 그래서 나는 중개인들이 알아야 한다는 그것을 쪼개어 9개의 구체적 항목으로 나누었다.

1. 자기의 핵심 구역에 있는 건물
2. 핵심 구역 부동산 가격
3. 핵심 구역의 역사
4. 핵심 구역 부동산의 임대료 수준
5. 매매계약
6. 부동산 양도 절차
7. 재정조달 및 주택 융자 조건
8. 핵심 구역의 다른 중개상들이 보유한 매물 목록(언제라도 알고 있어야 함)
9. 주요 경쟁자의 강점과 약점

나는 성공적인 중개인이라면 누구나 갖춰야 할 다른 중요 역할들(매물 등록, 협상, 양도, 매도자와의 의사소통 등)도 샅샅이 훑어 세부적인 요소들로 쪼개었다. 이 모든 항목으로 하나의 조사자료를 만들었다. 소위 '맥그레이스 성공 목록 체크리스트'다. 이는 120여 개의 질문을 담은 3페이지나 되는 자료다.

우리 중개인들은 모두 이 리스트를 사용해 각각의 항목에 대해 0점부터 10점까지 자신에 대한 점수를 매긴다. 다음에는 관리자가 똑같은 방식으로 평가를 한다. 그 다음 중개인들과 관리자가 모여 결과를 놓고 토론을 한다. 만약 중개인이 백만 달러 이상의 실적을 올렸으면서도 경매물건 판매에 4점밖에 주지 않았다면 관리자가 약간 지도해줄 수도 있다. 중개인 스스로의 평가와 관리자 평가 사이에 차이가 크다면 토론을 통해 관리자가 피드백을 해줄 수도 있다.

우리는 체크리스트를 작성해본 중개인들로부터 언제나 열광적인 반응을 얻었다. 그들은 체크리스트가 스스로도 몰랐던 부진한 점들을 시시콜콜하게 알 수 있게 도와주었노라고 말한다. 다른 기업가들도 자기 사업 분야의 주요한 업무들에 대해 직접 성공 목록 체크리스트를 만들어볼 수 있을 것이다.

＋ 일관성을 가져라 ＋

사람들은 이랬다저랬다하는 것을 싫어한다. 어떤 상황에 처하든 일관성을 지니고 자기 입맛대로 굴지 않는 상사라면 저절로 존경을 받을 것이다.

하지만 이 문제에 관한 한 말처럼 행동이 쉽지 않은 게 인지상정이다. 회사 내 특정인에게 좀더 이끌리는 게 어찌 보면 당연하다. 유능한 직원을 편애하고 그에게 좀더 관심을 쏟기 쉽다. 하지만 그렇게 되면 몹시 위험한 상황이 벌어진다. 훌륭한 회사를 만들려면 일관성을 지녀야 한다.

물론 짧은 기간엔 유능한 직원을 편애하는 것이 돈을 더 벌어다 줄 수도 있다. 최상위의 실적을 올린 이들은 자연스레 자신들을 좀더 이뻐해주고 자기들에게 좀더 많은 관심을 보여주길 바라고 기대하기도 한다. 하지만 이는 많은 이들이 빠지는 함정이다. 가족 내 부모 역할처럼 모든 팀원들이 최고경영진은 늘 일관성이 있다고 확신토록 하는 게 결정적으로 중요하다.

＋ 직원들이 속내를 털어놓게 하라 ＋

분기마다(나는 아직도 이 기간이 너무 길지는 않은가 걱정하지만) 우리는 팀의 사기를 측정하기 위해 모든 팀원들에게 질문지를 보낸다. 어제 같이 일하게 된 직원부터 근속년수가 가장 오래된 직원까지 모든 이들이 질문지를 받는다.

그 질문지는 사내 네트워크를 통해 전자우편으로 보내지고 모든 답변은 익명으로 처리된다(팀원들은 그저 자신들이 속한 지사와 부서만 쓰도록 돼 있다). 때문에 우리는 때로는 정말 아프도록 진실한 직원들의 생각을 수집할 수 있다.

마커스 버킹햄과 커트 코프만 공저의 『먼저 규칙을 깨라—전세계 위대한 경영자들의 차이점(FIRST,break the rules-What The World's Greatest Managers Do Differently)』란 책에는 직원을 대상으로 하는 훌륭한 조사자료가 나와 있다. 그 자료는 다음과 같은 항목까지 포괄한다. 즉 일일 직무 만족도, 작업장에서의 몰입의 질, 일을 잘했을 때 경영진이 인지하는 빈도, 정기적인 성과평가, 즐겁고 협력적인 작업환경, 전둔적인 자기계발의 기회 등이다. 이런 종류의 조사자료들이 많이 나와 있지만 경영자 스스로가 직원들과 함께 자사의 선호도를 반영하고 성장, 협력, 개발 등의 분야를 조명할 수 있도록 하는 자사만의 조사자료를 만들어볼 수도 있다.

나는 우리 직원들이 작업환경, 동료, 회사전반에 대한 자신의 태도를 정말 잘 알고 공개할 수 있도록 늘 독려한다. 직원들의 답을 듣고 싶어 질문지에 적어 보내는 항목들은 이런 가치와 쟁점들에 대한 것이다.

- 자신의 업무를 이해하는가?
- 정기적으로 격려받고 있는가?
- 직무수행에 필요한 적절한 장치를 제공받아 왔는가?
- 직원들의 의견과 아이디어가 경청되고 있나?
- 동료들과는 좋은 관계를 맺고 있나?
- 스스로 팀의 일원이라고 느끼고 있나?

- 진보하는 과정이 모니터되고 있나?
- 작업장에서 즐거움을 느끼나?
- 학습하고 개발할 기회를 갖고 있나?

이런 질문들에 온라인으로 답하는 데는 60초도 안 걸린다. 더 나아가 우리는 직원들이 회사 운영방식에 대해 어떻게 보고 있는지 만일 그들이 회사를 떠맡았다면 어떤 다른 방법을 써보고 싶은지에 대해서도 생각을 들어보고자 한다.

팀원들의 대답은 우리 소프트웨어에 취합되고 경영진들은 직원의 사기에 대해 지역별, 부서별로 대략적인 밑그림을 그려볼 수 있게 된다. 우리는 설문 결과를 그래픽 처리해 지난 설문결과와 비교한다. 이것은 우리의 중요한 점수표 가운데 하나로 우리는 이를 이윤 등의 실적이나 고객 반응만큼 중요하게 취급한다.

＋ 칭찬은 무작위로 ＋

우리는 실적이 훌륭한 팀원들에게 한 달에 한 번 상을 주고 있지만 일 잘한 직원을 칭찬하고 상 주는 가장 좋은 방법은 무작위로 흘러나올 때마다 하는 것이다.

나는 종종 약속장소에서 돌아오는 길에 초콜릿 상점에 들러 초콜릿 몇 상자를 산다. 그리곤 사무실을 돌며 초콜릿을 나눠주곤 몇 분씩 수다를 떨곤 한다. 이런 사소한 일이 큰 차이를 만든다.

일터를 재미난 곳으로 만드는 방법이다.

회사에 공헌한 직원에게 이메일을 보낼 수도 있다. 직원의 곁에 의자를 끌어다놓고 어떻게 지내는지, 도와줄 일은 없는지 간단한 대화를 나누는 것도 좋다.

칭찬을 무지 많이 하기는 어렵다. 거의 불가능하다. 하지만 칭찬을 거의 하지 않기는 쉽다. 그러니 항상 작은 실적에도 박수를 보낼 수 있도록 노력하라. 칭찬하고 인정할수록 더 큰 실적을 달성할 환경을 만들어주는 셈이 된다.

✛ 비판은 효과적으로 ✛

불행하게도 늘 칭찬만 하고 살 수는 없다. 때로 일이 잘 안 풀렸을 때 팀원들의 성과에 대해 건설적인 피드백을 해줘야 할 때도 있다. 이럴 때는 매우 조심해야 한다. 그 말을 사적으로 받아들여 고심하는 이도 있기 때문이다. 비판이 사람을 향한 것이 아니라 그 행동에 대한 것이라는 점을 분명히 해둬야 한다.

비판하는 가장 좋은 방법은 칭찬과 섞어서 하는 것이다. 여기에는 4가지 단계가 있다.

1. 직원이 잘한 일이나 잘하는 일에 대해 칭찬하는 것부터 시작한다.
2. 현안 문제에 대해 몇몇 질문을 던지라. 직원 스스로

그 문제를 끌어낼 기회를 줘라. 종종 그들은 훌륭한
자기비판을 하기도 한다.
3. 문제를 개선할 수 있는 방법과 그에 대한 지원을 제의
하라.
4. 끝맺음은 긍정적인 피드백으로 하라.

예를 들어보자. 우리 실무 과장급 가운데 한 명과 얘기할 일이
생겼다. 프리젠테이션에 대해 좀 주의를 줘야 했기 때문이다. 나
는 그녀를 다른 이들이 못 듣는 곳으로 데리고 갔다.

일단 칭찬부터 시작했다. "루시, 언젠가 레이하르트에 갔을 때
그 사무실에서 정말 근사했어. 그런 행사를 제시간에 그 예산을
가지고 조직해냈다니 정말 멋져. 정말 훌륭한 일을 했고 다들 흥
분했지. 정말 고맙게 생각해."

그 다음으로는 루시에게 스스로 현안 문제를 끄집어낼 기회를
주기 위한 질문 모드로 돌입했다. "동부 교외 지사와 북부 하류
해안 지사의 설명회에 대해 어떻게 생각하나?"

그녀는 "그건 정말 업그레이드돼야 해요."라고 말했다. 그래
서 어떤 일들이 필요하냐고 물었더니 "분수도 청소해야 하고 고
쳐야 할 것도 있어요."라는 대답이 돌아왔다. 거기에 내 의견을
덧붙였다. "나도 언제 봤더니 주차장에 쇼핑카트가 돌아다니더
라구. 그건 없애야겠지."

직원이 잘못했다고 생각하는 점을 바로 지적하지 않고 이렇게

한번 질문해 떠보는 절차를 갖는 것은 극히 중요하다. 질문을 함으로써 대화를 할 수 있게 되고 직원들은 여덟 살 때 부모에게 혼났던 그 기분을 한결 덜 느낄 수 있을 테니 말이다.

그리고 나서 나는 도와줄 일이 뭐가 있겠느냐고 물어보며 지원을 약속했다. 그녀는 자기가 할 수 있노라고 대답했다. 지원해주겠다는 제의는 비판을 칭찬과 섞는 데 있어서 결정적인 부분이다. 보통은 대부분 괜찮다고들 하지만 지원해주겠다는 제안을 받는 것만으로도 그들의 기분은 좋아진다. 그들은 혼자가 아니며 필요할 땐 언제든 도움을 받을 수 있다는 것을 알게 됐기 때문이다.

끝맺을 때는 훨씬 더 긍정적인 피드백을 해주었다. "모든 사무실을 루시의 역작인 서부 내륙 지사처럼 아름답게 바꿔놓을 멋진 기회네. 열심히 하고 내 도움이 필요할 땐 언제든 얘기해."

마지막 포인트 하나. 누군가에게 건설적인 비판을 하고 싶다면 즉시 하라. 피드백이 빠를수록 더욱 효과적이다. "스테파니, 지난 주에 있었던 일에 대해 얘기해볼까?"라고 말해봤자 스테파니는 '맙소사, 지난 주에 무슨 일이 있었던 게지? 기억도 못하겠네. 내 잘못을 지적하려고 일주일이나 기다렸단 말인가? 그날은 그렇게 무심하게 보내놓고.'라고 생각할 게 뻔하다. 게다가 스테파니의 독백 속에 담겨 있는 짜증이 갑자기 밖으로 터져나올지도 모르는 일이다.

+ 팀 플레이를 무시하는 직원 다루는 법 +

책임을 다하고 KPI(주요성과지표) 등의 도움을 받는다면 실적이 좋지 못한 직원을 솎아내 교정하는 것은 어렵지 않다. 훨씬 뚜렷하게 드러나지 않으면서도 더욱 위험스러운 인물은 기업문화를 해치는, 즉 팀 플레이를 무시하는 직원이다. 이런 직원에겐 최대한 빨리 손을 써야 한다.

일반적으로 기업문화가 강하고 상사와 부하간의 관계가 직접적인 곳에선 팀플레이를 무시하는 인물은 스스로 불편할 것이다. 그래서 그들은 같은 부류의 사람들을 찾아 떠나거나 문화에 맞춰 자기 습성을 고칠 것이다.

본성적으로는 사람들은 일터에서 부정적인 태도를 취하고 싶어하지 않는다. 그것은 그저 살아오면서 굳어져온 습성일 뿐이다. 열정과 꿈을 잃었기 때문이다. 그런 이들에겐 열정이 되살아날 기회를 줘야 한다.

이렇게 말해보자. "이봐, 자네의 이런 행동이 우리 회사의 방향과 정말 어울리지 않다는 것을 발견했어. 그 점에 대해 정말 말해주고 싶고 자네의 의견도 듣고 싶고 그렇게 업무를 계속 추진해나가고 싶어." 물론 이번에도 이 말은 사람에 대한 것이 아니라 그의 행동과 습성에 대한 것이다.

종종 자신이 그런 짓을 하는지 알지도 못하는 이들이 있다. 그들은 끊임없이 불평을 해대다가도 정작 그런 사실에 맞닥뜨리면 "세상에, 내가 그런 줄은 꿈에도 몰랐어."라고 말하는 것이다. 그러니 그들에게 스스로를 바꿔볼 기회를 줘야 한다.

바뀔 준비가 안 돼 있는 사람이라면 이런 대화를 나눈 지 얼마 안 돼 알아서 사직할 것이다. 그들의 이름이 벽에 나붙을 것이다. 종종 그런 지 3달 만에 재입사하려고 하는 이들도 있다. "오, 이곳엔 맞지 않아."하면서 다른 데로 갔다가 이곳의 문화와 에너지를 그리워하고 있다는 것을 깨닫는 경우다.

어떤 이는 다시 채용하고 어떤 이는 하지 않는다. 한번 떠난 이는 다시 쳐다보지도 않는다는 정책 따윈 없기 때문이다. 그들을 새롭게 바라보고 태도가 정말 바뀌었는지 살펴보는 것이다.

진실을 말한다면 잘못될 리가 없다

좋은 의도에서 진실을 말한다면 결코 잘못될 리가 없다는 점을 믿으라. 남을 당황시키기 위해, 기분 나쁘게 만들기 위해, 또는 자신의 위치를 지키기 위한 술수로 말하지 말라. 사업의 비전을 실현하기 위해, 팀을 몰입시키기 위해, 팀원들을 성장시키고 모든 면에서 예외적인 존재로 만들기 위해 진실을 말하라.

제4부
고객을 감동시켜라

사람들은 영업사원은 타고난다고 생각한다. 잘못된 생각이다. 물론 다른 사람보다 좀더 손쉽게 일을 배우는 경우는 있을 수 있겠지만 세일즈 능력이 초록 눈동자나 갈색 머리카락 등의 외모처럼 절대 변하지 않는 것은 아니다. 판매도 배울 수 있는 기술이다.

1
세일즈 기초

사람들은 영업사원은 타고난다고 생각한다. 잘못된 생각이다. 물론 다른 사람보다 좀더 손쉽게 일을 배우는 경우는 있을 수 있겠지만 세일즈 능력이 초록 눈동자나 갈색 머리카락 등의 외모처럼 절대 변하지 않는 것은 아니다. 판매도 배울 수 있는 기술이다. 결심만 단단히 하면 누구나 습득할 수 있다. 배움을 위한 가장 좋은 길은 일 잘하는 사람을 벤치마킹하는 것이다.

＋ 훌륭한 영업사원의 자질 ＋

요즘은 훌륭한 성과를 내는 영업사원들의 출신이 각양각색이다. 배경도 다채롭고 나이나 성별 등이 장벽도 되지 않는다. 더이상 전형적인 세일즈맨 타입 같은 것은 없다. 하지만 훌륭한 성과를 내는 영업사원들에게 몇 가지 공통 자질들이 있기는 하다. 물론 이것은 오랜 기간에 걸쳐 학습되고 개발될 수 있는 것들이다.

에너지와 열정

세일즈란 정말이지 제품이나 서비스에 대한 자신의 신념, 열정, 에너지 등을 고객에게 전달하는 과정이라고 생각한다. 열정적으로 자기 상품과 서비스를 신뢰하면 그 신뢰를 고객에게 전달하는 일만 남는다. 더이상 보탤 것도, 그런 척할 것도, 과장할 것도 없다. 그저 제품에 대한 자신의 에너지와 열정을 전하기만 하면 된다.

따라서 훌륭한 영업사원이란 일정 기간 동안 에너지와 열정을 유지할 수 있는 사람이다. 날이면 날마다 하루 12시간씩 지속적으로 고객을 상대하려면 자신이 판매하는 상품에 대한 열정이 있어야 하며 에너지를 고도로 유지할 줄 알아야 한다.

한때 나는 아파트를 구하기 위해 '머백(mirvac)' 사(社)에 의뢰해 본 적이 있었다. 나는 그 영업사원의 열정에 깊은 인상을 받았다. 그는 정말 그 아파트를 사랑했다. 그 스스로 그 집에 너무나도 살고 싶어하는 듯 보였다. 나는 엘리베이터를 타고 내려오며 그에게 회사에 대해 어떻게 생각하느냐고 물었다. 그는 말했다. "전 정말 제 일을 좋아해요. 머백에서 일하게 돼 너무 자랑스럽구요. 우리 회사야말로 이 나라 최고의 개발업자니까요." 나는 정말 감동받았다. 많은 직원들이 자신의 작업여건에 대해 불평하곤 하는데 이 젊은 친구에게선 자부심과 적극적인 에너지가 뿜어져나오는 것이었다.

자기관리

나는 처음 사업을 시작했을 때 맥도날드의 사례에 매료됐다. 내가 흥미를 느낀 건 음식이 아니라 그들의 경영과 고객 서비스 시스템이었다. 그곳에 들어서면 그들은 언제가 똑같은 서비스를 제공했다. 청결 수준도 대체적으로 같고 음식을 시킨 뒤 타갈 때까지의 시간도 같다.

맥도날드의 이런 서비스를 다른 많은 회사들이 모방하면서 이제 사람들은 맥도날드 아닌 곳에 가더라도 패스트푸드 서비스를 기대하게 됐다. 서비스 전달 속도에 대한 기대감이 높아졌다. 속도와 효율은 이제 하나의 전형이 돼 패스트푸드 사업에 종사하지 않더라도 빠른 서비스를 원하는 고객의 기대에 맞닥뜨리게 된 것이다.

이는 영업사원들에게 어떤 영향을 미칠까? 비싼 가격표가 붙은 상품을 파는 업자들은 판매환경에 대해 감독을 받지 않아온 게 사실이다. 때문에 영업사원 스스로 자기관리, 시스템 창출, 시간관리 등을 필수적인 자질로 개발해야 한다.

내 경험에 의하면 이 분야만 잘 개발되면 영업사원 대부분의 실적이 눈에 띄게 향상된다. 영업사원들은 통상 고도의 에너지, 열정, 뛰어난 대인관계 기술을 타고난 이들이다. 그로 인해 영업사원의 길에 뛰어들곤 한다. 하지만 시스템을 만들고 우선순위를 매기는 능력 등은 처음부터 배워나가야 한다.

상담가의 자세

옛날 세일즈맨들은 제품을 사야 하는 너댓 가지 이유를 강매조로 늘어놓으며 고객에게 깊은 인상을 심으려 했다. 하지만 오늘날의 고객은 그런 것에 속아넘어가지 않는다. 요즘 사람들은 정보로 무장돼 있다. 앞으로 인터넷이 발달할수록 그런 경향은 더욱 강해질 것이다.

고객은 영업사원들이 각본대로 짜맞춰진 입에 발린 말들을 늘어놓기보다는 자신들의 문제에 귀 기울이고 해결책을 찾아내주고 진일보할 수 있는 계획을 추천하고 이를 실행할 수 있게 해주기를 바란다. 이는 팔아야 할 것을 고객에게 선전하는 것이라기보다는 고객이 필요로 하는 게 뭔지를 찾아내는 것이다.

상담가적인 접근을 해야 한다는 말이다. 고객이 자신의 구매 사이클 중 어디쯤 와 있는지 파헤쳐라. 그들의 이슈와 관심은 무엇인가? 과거에 이 분야에서 어떤 협상 경험을 했나? 진보를 두려워하는 대목은 어디인가? 회사와 당신에 대해 어떤 문제를 제기하는가? 그들이 달성하고픈 성과는 무엇인가? 그에 대한 시간 계획은?

사전에 작정한 제품 패키지를 고객이 가고자 하는 방향 앞에 억지로 들이밀어 놓기보다는 고객을 '과정'에 참여시키라. 자기 주장만으로 설명하지 말고 질문 위주의 설명회를 가져 고객이 하고 싶어하는 말을 주의 깊게 들어주라.

결의

한두 번 전화해 판매가 이뤄지는 경우는 없다. 대부분 다섯 번, 열 번, 열다섯 번 전화해야 더 팔리기 쉽다. '예스'라는 대답을 듣기 전에 숱한 '노'를 들어야 한다.

거절이 계속되면 많은 영업사원들이 너무 쉽사리 포기한다. 몇 번 전화 걸어 몇 번 거절의 말을 듣곤 그대로 전화걸기를 중단해버린다. 그리곤 스스로를 합리화한다. "베이커 부인이 나와 협상하고 싶어하니 그녀가 먼저 전화를 주겠지." 하지만 베이커 부인은 바빠서 신경 써야 할 다른 일들이 태산이고, 다른 제안들도 검토해봐야 한다. 이번 토요일에 가야 할 결혼식도 있다. 늘 이런 식의 일들이 일어나고 있다.

남보다 나은 영업사원이 되려면 아직 구매할 준비가 안 된 고객이 거절을 거듭해도 그 면전에서 끈질기게 호객을 이어가는 구식(舊式) 결의 같은 게 있어야 한다.

거절에 대처하는 법

결의를 다지기 위해 중요한 요소 가운데 하나가 거절당했을 때 이를 다루는 능력이다. 거절을 과정의 일부로 받아들여야지 사적인 것으로 가슴에 담아선 안 된다.

그 거절이 자신에게 무슨 의미를 띠는지 재고해보는 것도 도움이 된다. 내 경우엔 거절이란 그저 성공의 전조일 뿐이다. 나는 특정한 목표를 달성하려다 보면 거절당할 때도, 실패할 때도 생긴다는 것을 안다. 그건 그저 과정의 일부일 뿐이다. 그래서 나는 심적으로나 감정적으로 단단히 준비를 갖춘다. 거절을 비참한 일이나 피해야 할 일로 보기보다는 목적 달성 과정의 불가피한 부분으로 끌어안는다. 거절이 거듭될수록 성공에 한 발씩 더 다가서는 셈이다.

거절이나 실패를 경험했다고 해서 그것만으로 목적 달성이 보장되진 않는다. 하지만 분명히 말할 수 있는 건 거절, 실패, 후퇴 등의 중간과정 없이는 성공도 없다는 것이다.

거절, 도전, 바라지 않았던 결과, 장애물 등을 정상적인 과정의 일부로 바라보게 되면 스스로 그런 것들에 준비가 된 셈이다. 언젠가 읽었던 『부정적 사고의 긍정적 힘(The Positive Powers Of Negative Thinking』이라는 멋진 책에서는 그런 준비를 위한 방법을 설명하고 있었다. 자리에 앉아 잘못될 수 있는 모든 가능성들을 꼽아본다. 그러고 나면 잘못돼도 놀랄 게 없어진다. 나아가 예측하지 못한 일을 다루는 능력에 한 발짝 더 다가갈 수 있게 된다.

가능성을 타진하러 한 시간씩 전화를 돌렸더라도 그 가운데 50% 정도는 받아들여지겠거니 기대해선 안 된다. 거래할 의사와 지위를 갖춘 이를 오늘 한 명만 찾아냈더라도 성공적인 조사였다고 생각해야 한다.

더 잘하려는 열망

내가 만나본 훌륭한 영업사원들은 모두 제 속에 타고난 경쟁심 같은 걸 갖추고 있었다. 동료나 경쟁자와만 경쟁하는 게 아니라 이달에 어떻게 해야 더 잘할까, 어떻게 더 나은 서비스를 제공할까, 어떻게 추가 서너 건의 계약을 성사시킬까, 어떻게 10명의 고객을 더 찾아낼까 하는 데 더 관심이 많았다.

그들에겐 항상 더 높은 수준의 성과를 추구하는 내부 레이더 같은 게 있었다. 우리 모두에게 이처럼 스스로를 몰아붙여 더 잘하고, 더 많은 것을 제공하고 싶어하는 욕구가 있다고 생각한다. 단지 어떤 이들은 그걸 보다 더 뚜렷이 자각해 더 잘 이용하고 있을 뿐이다.

고객중심

나는 항상 고객이 최고의 서비스를 받았다고 말하며 협상장을 떠나기를 바란다. 그건 내 철학이다. 하루도 빠짐없이 거는 전화마다, 만나는 고객마다 그것에 초점을 맞춘다면 실적이 엄청 좋아질 것이다.

이는 훌륭한 영업사원이 가꿔나가야 할 마음가짐이다. 고객에게 늘 자기 능력 이상의 것을 주고 싶어하는 마음. 우리의 마음속에서는 이 고객을 어떻게 하면 열렬한 팬으로 바꿔놓을까 고민하는 대화가 늘 일어나고 있어야 한다.

사적인 프리젠테이션

사적인 프리젠테이션이 오늘날의 영업사원들에겐 큰 이슈거리도 아니다. 고객은 공식적이건 비공식적이건 다양한 형태의 프리젠테이션에 익숙해 있기 때문이다. 프리젠테이션의 가장 중요한 측면은—극히 청결해야 한다는 뚜렷한 요구를 빼곤—장소에 적합한 옷차림을 하는 것이다. 모든 상황에 알맞는 프리젠테이션이란 없다. 덤불 속에서 가축을 팔 때의 프리젠테이션은 중심 상업지구에서 부동산을 팔 때의 프리젠테이션과는 다를 것이다.

초창기일수록 강도 높게 일하라

나는 일을 시작했을 때 일주일에 80시간씩 일했다. 다른 이에게도 그렇게 일하라고 권하고 싶진 않지만 영업사원으로서, 또는 사업가로서 초창기엔 고된 업무를 자처해야 한다고 생각한다. 1시간 일찍 출근해 전화도 추가로 더 많이 해야 한다. 업무를 따라잡기 위해 시간 외 근무도 해야 한다.

하지만 일단 추진력을 얻고 나면 어떻게 해야 덜 일하고도 더 많은 것을 성취할 수 있는지 알게 될 것이다. 하지만 이는 하루아침에, 또는 1개월 만에 이뤄지는 일이 아니다. 적어도 한 1년 꾸준히 일을 해봐야 감이 잡힌다. 따라서 추진력이 생기기까지는 열심히 일할 준비가 돼 있어야 한다.

자기신뢰감

실적이 좋은 영업사원들은 해낼 수 있다는 절대적인 신념을 가지고 있다. 그들은 보통 강한 자기존중감과 자신감을 갖고 있다. 자신감과 오만 사이에 그어진 선은 가느다랗다. 그 선을 잘못 넘어서면 영업사원으로서의 경력은 추락하기 시작할 것이다. 사람들은 오만한 세일즈맨을 싫어하니까. 하지만 자신의 능력과 자기제품의 품질에는 자신감을 가져야 한다.

자기평가

제임스 덕은 우리 회사의 가장 오래된 직원 가운데 하나다. 그는 오스트레일리아에서 가장 성공한 부동산 중개업자로 알려져 있다. 그는 늘 부동산 중개와 관련된 일에 대해 자문을 구해오는 이들에게 스스로 재능과 태도를 갖췄는지 평가해보라고 조언해준다.

"그것은 스스로를 정말 잘 살펴보는 일입니다. 잔인할 정도로 정직해야 해요. 자기 평가를 통해 감당할 만한 일인지 판단해보세요.

사람들에게 가장 어려운 일이 거울을 통해 자기 자신을 들여다보고 비판하는 일입니다. 다들 거울 앞에선 어떻게 하면 겉으로 보기에 멋져 보일까 빗질이나 하며 시간을 보내죠. 하지만 내면을 들여다보며 자문해봐야 합니다.

나는 시간을 지키는 부지런한 사람인가? 항상 진실만을 말하는가? 자기 말만 하는 인간인가? 다른 사람 얘기를 정말 잘 듣는가? 조직생활에 필요한 기능을 갖추고 있는가? 다른 사람 입장에 서서 그들이 어디로 가고자 하는지 이해할 수 있는가?

절친한 사람들로부터 스스로에 대한 피드백을 받아보는 것도 도움이 되죠. 형제자매나 가장 친한 친구 등 믿을 만한 사람에게 물어보세요. 배우자에게 물을 수도 있어요. "내가 당신 말을 잘 들어주나

+ 미래를 위한 연결통로를 준비하라 +

오늘 사업이 불황이라면 이는 90일 전 충분히 전망을 타진하는 활동을 하지 않았다는 의미다. 오늘의 준비작업이 미래 사업으로 가는 연결통로를 창조하고 내일의 판매 성공을 위한 토대를 놓는다.

전망 타진 활동은 다채로운 형태로 이뤄진다. 미래 고객을 창조하는 가장 좋은 방법은 입소문이다. 새로운 고객을 모두 황금 보듯 하고 현재의 고객에게 엄청난 서비스를 아끼지 않는다면 그들이 다른 이에게 가서 우리의 훌륭한 서비스를 선전할 것이다. 그리고 그 얘기를 들은 이들 가운데는 우리와 거래하고 싶어하는 이가 생겨날 것이다. 이는 미래의 고객에게 이르는 가장 좋은 통로다. 입소문에 대해선 추후에 좀더 얘기하자.

가장 전도유망한 것은 내가 '연결통로 고객'이라고 말하는 이들이다. 거래할 준비가 돼 있는 이들. 그들은 손을 들어 곧 거래를 할 거라고 말한다. 상대와 장소의 문제만 남았을 뿐이다. 이런 잠재고객들은 우연히 손에 넣게 된 추천고객 명단 등에서 찾을 수 있다. 연결통로 고객 데이터베이스를 구축해 구매 의사를 타진하는 전화를 할 때 그들의 이름과 전화번호를 첫머리에 둬라.

판매 가능성을 타진해볼 수 있는 또 다른 소스는 과거 고객이다. 하루에 3~5명씩 과거 고객에게 전화를 한다면 1년에 한두 번씩은 그들 모두에게 전화를 돌릴 수 있다. 전화를 걸어 이렇게 말하는 것이다. "안녕하세요. 오늘 고객님 집 앞을 지나가다 보니 정원이 멋지던데요. 어떻게 지내세요? 시간 날 때 사무실에 들러 인사나 나눠요."

이 작은 노력으로 고객과 오래도록 좋은 관계를 유지할 수 있고 다시 거래할 가능성도 높이게 된다. 또 다른 미래 고객군으로는 영향력의 중심에 있는 이들이다. 많은 고객들을 소개해줄 능력이 있는 이들이다. 내 경우를 들자면 회계사, 법무관, 건축가, 재정자문가 등이다. 내 사업의 잠재고객들을 엄청 많이 다루는 이들이다. 나는 그들과 관계를 맺고 정기적으로 만날 것이다. 함께 아침 먹으러 갈 것이다. 부동산 시장에 대한 업데이트된 자료도 보내주고 추천 고객 명단도 보내줄 것이다.

다음으로는 경쟁자의 고객 가운데 경쟁자에게 불만을 품은 이들도 대상이다. 나는 종종 다른 중개사를 통해 물건을 팔지 못한 사람들의 소문을 듣는다. 거래의 첫 주도권을 놓쳐서 그 고객은 다른 중개사에게 갔지만 거기서 거래에 실패했다. 이런 사람들의 리스트를 만들어 그 거래과정을 계속 추적해둔다. 기회를 놓치는 것은 한번으로 족하다. 커다란 잠재적 가능성이 아직도 남아 있어 두 번째 거래의 기회를 잡을 수도 있다.

이는 자연스레 '두 번째 기회 전략'으로 이어진다. 종종 다른 업자와 오랜 거래관계를 가지고 있어 당장은 나와 거래할 이유가 없어 보이는 고객이 있다. 하지만 그가 거래대상을 바꾸고자 한다면 그 첫 번째 고려대상이 나이길 바란다. 따라서 나는 어쨌든 그 고객과도 관계를 맺어둔다. 그가 현재의 중개사와 혹여 틀어지는 경우가 생길 때 그들이 첫 번째로 나를 떠올리도록 하고 싶기 때문이다.

대런 셜로우의 '유통모델'

입소문을 타고 한 번에 한 명씩 고객을 넓혀가는 것도 잘못된 것은 아니다. 사실상 그것은 확실한 마케팅 전략이기는 하다. 하지만 사업이 보다 순조롭게 진행돼가길 바란다면 '유통모델' 개발을 고려해봐야 한다. 예를 들어보자.

켈로그는 아침식사용 시리얼 시장에서 손꼽히는 강자다. 만약 그들이 고객을 한 사람씩, 한 가구씩 일일이 만나 물건을 판매하려 든다고 해보자. 너무 많은 시간을 소모하게 될 것이고 사업도 번창하기 어려워질 것이다. 그래서 켈로그 대신 시리얼을 사려는 사람들이 몰려드는 한 곳, 슈퍼마켓 체인으로 달려간다. 켈로그는 많은 이들이 왕래한다는 점을 이용해 그곳에 유통 채널을 구축하는 것이다.
그렇다면 우리의 잠재적 유통 채널은 무엇일까? 이것을 알아내려
면 고객이 우리 상품을 어떻게 만나게 되는지를 알고 있어야 한
다. 고객은 통상 우리 상품과 어떻게 첫 인연을 맺는가? 우리 상
품을 쓰고자 할 때 동시에 고려해야 할 다른 요인들은 무엇인가?
부동산 분야에선 사람들이 집 한 채를 사려면 30여 가지 일들이
딸려 일어난다고 한다. 법무사를 만나 계약을 준비해야 하고, 은행
매니저나 주택담보대출 중개인이나 회계사 등을 만나 돈을 마련해
야 한다. 직업을 바꾸게 돼 이사를 하는 경우라면 채용 및 재취직
관련 업체와도 관계를 맺게 된다.
이처럼 영향이 미치는 여러 곳들과 관계를 맺어둠으로써 우리는 광
범위한 잠재 고객 네트워크를 구축하게 된다. 이렇게 되면 상호이득
이다. 그들도 우리에게 추천고객 명단을 받을 수 있을 테니 말이다.

＋ 효과적인 프로스펙팅 비결 ＋

프로스펙팅(잠재 고객 개척－옮긴이)과 관련한 최선의 조언이란
운동화 업체 나이키의 슬로건인 "실행하라(Just Do It)"는 말이다.
더 이상 미루지 말라. 이 책을 내려놓고 지금 당장 전화를 걸기
시작하라.

오케이, 너무나도 분명한 일이다. 하지만 세일즈맨들은 대부
분 프로스펙팅의 중요성을 인식하고 있으면서도 막상 행하는 것
은 기피한다. 스스로에게 변명하고 꾸물대면서 새로운 고객이
기적처럼 나타나주길 간절히 기대할 뿐이다.

갑자기 돈이 떨어지고 고객이 줄어들어 더 이상 꾸물거릴 수 없게 된다. 하지만 이처럼 옹색해진 뒤는 프로스펙팅하기에 가장 나쁜 때다. 사람들의 눈에 필사적인 몸부림이 다 보일 테니 말이다. 프로스펙팅하기 제일 좋을 때는 사업이 흥청거릴 때다. 그래야만 추진력과 자신감을 가지고 임할 수 있기 때문이다.

프로스펙팅의 핵심

성공적인 프로스펙팅을 위해서는 아래의 4단계를 따라야 한다.
1. 내일의 판매가 오늘의 프로스펙팅에서 나온다는 것을 인식하라.
2. 프로스펙팅 관련 약속들을 다이어리에 메모하라.
3. 프로스펙팅 명단을 휴대하라.
4. 무슨 말을 할지 늘 생각해두고 즐겁게 말하라.

프로스펙팅의 중요성 인식하기

프로스펙팅을 잘하는 이들은 전화야말로 친구라는 사실을 잘 안다. 사업을 하는 동안 하루 한두 시간씩은 매일 전화 프로스펙팅에 할애하는 게 좋다. 동기부여를 위해선 제대로 된 마음가짐이 필요하다. 프로스펙팅이야말로 선수를 쳐서 계속 거래를 창출하는 작업이라는 점을 꾸준히 환기시켜라. 이는 사업에 대한 투자나 마찬가지여서 미래에 배당금이 돼 돌아올 것이다. 프로스펙팅이란 사업에서 빼놓을 수 없는 본질적 활동이다.

프로스펙팅 관련 약속 만들기

프로스펙팅은 세일즈 약속만큼이나 중요한 것이다. 한쪽이 없으면 다른 한쪽을 할 수 없다. 세일즈 약속을 잊어버리는 이는 없을 것이다. 세일즈 프리젠테이션 준비에는 꾸물거리지도 않을 것이다. 하지만 많은 이들이 프로스펙팅은 무한정 미뤄둔다.

프로스펙팅에 대해서도 약속을 만들어두는 게 좋다. 보통 약속은 잘 안 잊어먹기 때문이다. 프로스펙팅이란 할 수 있을 때 잠시 시간을 내는 그런 활동이 아니다(언젠가 여유가 생기면 이에 관한 얘기도 한번 해보려고 한다). 약속을 해두어야 할 만큼 중요한 것이다. 다이어리 안에 프로스펙팅을 위한 공간을 반드시 남겨두라.

내가 세일즈를 하고 있었을 때 내 다이어리에는 아침마다 해야 할 2가지가 적혀 있었다. 우선 현재의 모든 고객에게 전화를 걸어 안부를 묻고 지금까지의 진행상황을 들려주는 일이다. 다음으로는 그에 더해 한두어 시간의 프로스펙팅을 하는 것이다.

이처럼 프로스펙팅을 스케줄에 넣어두지 않으면 언제라도 그걸 건너뛸 핑계를 찾으려 들기 쉽다.

프로스펙팅에서 재미를 찾아라

프로스펙팅이란 일면 운동과도 같다. 처음엔 타성을 극복하기 힘들고 종종 고통도 따르지만 일단 습관이 되고 나면 그다지 어렵지 않아진다.

또 한 가지 운동과 비슷한 점은 재미를 느끼면 한결 수월해진다
는 것이다. 내게는 프로스펙팅이란 전화상으로 새로운 사람을 만
나는 일이다. 그들이 내 서비스에 관심을 보이지 않더라도 사람을
만날 수 있는 커다란 기회라는 자체로 만족스럽다.

내가 만나본 가장 훌륭한 프로스펙터 가운데 한 사람은 토론토
의 한 부동산 회사 직원이었다. 그는 날마다 프로스펙팅을 하기
에 앞서 작은 의식을 치렀다. 스스로를 물심양면으로 보다 잘 준
비시키기 위해서였다. 그는 전화 헤드폰을 낀 채로 프로스펙팅
을 했다. 통화를 계속 이어가기 위해서였다.

그의 사무실 벽에는 가족사진과 주말에 가고 싶은 곳의 사진이
붙어 있었다. 이것이 그를 고양시켜 이루고자 하는 목표에 집중
하도록 도와줬다. 그는 한 통화 한 통화가 가족을 먹여 살리고 자
신이 계획한 목표에 가까이 가게 해준다는 점을 잘 알고 있었다.

어떤 이들은 목표로 한 프로스펙팅 횟수를 채우고 나면 스스로
에게 상을 주기도 한다. 카푸치노를 좋아하는 이라면 이렇게 생
각한다. "전화를 50통 건 뒤에는 카페에서 카푸치노를 마셔야지,
그게 내 상이야."

또 다른 전략은 다른 사람과 짝을 이뤄 프로스펙팅에 나서는
것이다. 동료 한 명에게 이렇게 말해본다. "이봐, 아침마다 8시
30분에 만나서 30분씩 전화 프로스펙팅을 하면 어떨까. 누가 더
많이 했는지 내기도 하는 거야. 그런 다음 카페에 가서 커피나 한
잔하자구." 이렇게 다른 사람과 함께라면 프로스펙팅도 재미있

는 활동이 될 수 있다.

꾸물거리지 말고 어떻게 하면 피해갈까 꾀를 부리는 데 쓸 에너지를 프로스펙팅 활동을 개발하는 쪽으로 돌려라. 프로스펙팅이 습관화돼 일상의 일부가 되면 나중엔 그 시간을 기다리게 될 것이다.

'노'란 대답을 많이 들을수록 '예스'에 가까워진다

프로스펙팅의 대상이 될 사람들 가운데 상당수가 당장 우리와 거래할 마음이 없다는 사실을 받아들이지 않는다면 그 숱한 거절의 장벽을 견뎌내는 일이 감정적으로 너무 힘들어질 것이다.

나는 내 전화를 받은 대부분의 사람들이 그 시점에서 나와 거래하기에는 타이밍이 좋지 않으리라고 늘 가정하고 접근했다. 때문에 처음부터 항상 마음의 준비를 단단히 했다. 그러면 상대방이 "아니요, 댁한테서 집을 살 생각이 없습니다." "지금은 댁을 통해 집을 살 수 없어요."라고 말해도 크게 상처받지 않았다.

나는 프로스펙팅하다 거절당해도 이를 늘 궁극적으로 성취하게 될 성공과 연결시켰다. 1명에게서 '예스'라는 대답을 듣기 위해선 50번의 '노'란 말을 들어야 한다는 점을 깨달았다. 4명에게서 '예스'란 응답을 들으려면 200통화를 해야 하는 셈이었다.

중간 단계의 '노'는 '예스', 즉 궁극적인 성공으로 가기 위한 여정의 한 부분이라는 점을 늘 스스로에게 일깨워야 한다.

프로스펙팅 리스트

수화기를 들기 전에 프로스펙팅을 할 대상들에게 쉽게 접근하는 길을 개발해둬야 한다(누구를 프로스펙팅 리스트에 올려야 할지는 앞의「미래를 위한 연결통로를 준비하라」장에서 이미 설명한 바 있다). 날마다 전화하고자 하는 이들의 이름과 전화번호를 출력해가지고 있으라.

본인 편의에 따라 프로스펙팅 리스트의 우선순위를 정하라. 하나의 '예스'를 건져 올리는 데 500통의 전화를 거는 것보다야 50통의 전화를 거는 게 더 바람직할 것이다. 항상 리스트를 업데이트해가며 조금이라도 자신과 '끈'이 있거나 매물과 관련이 있는 고객부터 전화를 해라.

프로스펙팅의 각본

사람들이 프로스펙팅을 꺼려 하는 또 다른 이유는 뭐라고 말해야 할지 모르기 때문이다. 첫 번째 원칙은 언제나 고객에게 득이 되는 점이 뭔지를 짚어주라는 것이다. 잠재 고객에게 내가 얼마나 좋은 사람인지를 설득하려 들지 말고 어떤 편익을 제공해줄 수 있는지를 말해주라.

나는 세일즈 전화를 할 때 이렇게 말한다. "앤, 요즘 당신이 살고 있는 거리의 매물들 가격에 대한 최신정보를 드리고 싶어요. 아주 좋은 결과가 나왔거든요. 들으면 흥분하실 거예요. 당신 집에서 두 집 건너 있는 집이 100만 달러에 팔렸어요. 당신은 3년 전에 지금 집을 48만 달러에 사셨잖아요. 그래서 전화드려야겠다고 생각했죠."

그리곤 덧붙인다. "또 하나는 당신이 집을 살 무렵부터 우리가 지켜봐온 사람들이 이번에 이사를 가게 됐대요. 당신이 나한테 다른 물건을 찾아봐주길 바랄지도 모른다는 생각이 들어서요. 또 다른 집이 필요하거나 아니면 이사 갈 계획이 있나요?"

내 관심은 늘 "어떻게 도와드릴까요?"인 셈이다. 요약하면 나의 프로스펙팅 각본은 언제나 단순, 직접적, 질문 위주, 그리고 고객 중심인 것이다.

전화를 걸고 나면 이 통화가 어떤 결과로 흘러갈지 항상 짐작이 가능해야 한다. 내 전화 프로스펙팅은 대부분 30초도 안 걸린다. 내가 고객에게 도움이 될 수 있는지, 고객이 내 도움이나 지원을 바라는지는 대번에 알아차릴 수 있다. 전화는 늘 두 방향 가운데 한 곳으로 움직이게 마련이다.

상대방이 내 서비스에 관심 있어 하면 전화통화는 길어질 것이다. 그렇지 않다면 "대단히 감사합니다. 필요할 때 도움이 되도록 저희의 세부사항을 적은 카드를 우편함에 넣어도 될까요?" 물어보고 끝내면 된다.

＋ '현장' 에 있는 것이 가장 중요하다 ＋

스테판 브래드버리는 2002년 동계올림픽 남자 1,000미터 스피드 스케이팅에서 오스트레일리아에 첫 금메달을 안겨 유명해졌다. 브래드버리는 우승후보와는 거리가 멀었고 메달을 딸 가능성도 희박했다. 하지만 1위 그룹의 스케이트 선수 4명이 뒤엉켜 쓰러져버리는 바람에 그들을 제치고 달려들어와 금메달을 딸 수 있었다.

경기가 끝난 뒤 언론은 그에게 전략이 무엇이었느냐고 물었다. 그는 "현장에 있을 것, 최선을 다해 달릴 것, 다른 선수들이 나가떨어지길 기대해볼 것!"이라고 말했다. 그의 바람대로 된 셈이었다. 브래드버리는 가장 빠른 선수는 아니었지만 경기장에 버티고 있었다. 똑같은 원칙이 영업사원들에게도 적용된다.

나는 세일즈 관련 강연회에서 종종 이런 질문을 한다. "자신이 좋아하지 않는 사람에게서 물건을 사본 경험이 있는 사람은 손들어보시오." 늘 강의실에 앉은 대부분의 사람들이 손을 든다. 어째서 좋아하지도 않는 사람에게서 물건을 사게 되는 걸까? 우리에게 그 물건이 필요한 그 순간 그 자리에 있었던 유일한 사람이 그 사람이었기 때문이다.

최고의 상품을 개발하고 탁월한 대 고객 서비스를 다짐하는 것도 물론 중요하지만 현장에 있는 것이 훨씬 더 중요하다. 고객이 의사결정을 할 때, 사람들에게 얘기할 때, 사업을 도모할 때, 유통 채널을 개척할 때 그곳에 있어야 한다. 우리는 항상 최고일 필요는 없지만 항상 현장에 있어야 한다.

독자 가운데는 이렇게 생각하는 이도 있을 것이다. "나는 콤파크 직원이지 IBM 직원은 아니다. 하지만 사실 콤파크 상품이 IBM 것만큼 좋다고 생각하지 않는다." 그렇지만 그것이 문제가 되지 않는다. 사람들은 IBM 상품도 사고 콤파크 상품도 사기 때문이다. 자사 컴퓨터의 특징과 좋은 점을 선전하라. 그리고 고객 질문에 성심껏 답하는 등 능력 닿는 대로 최대의 고객 서비스를 제공하며 판매 현장에 있다면 우리 상품이 최고의 것이 아니어도 고객은 우리 것을 구매하게 될 것이다. 최고의 컴퓨터를 판매하는 세일즈맨은 전화응답을 하지 않기 때문이다.

이 이야기의 교훈은 스스로가 이 나라 최고의 세일즈맨이 아니라고, 또는 자신의 상품이나 회사가 최고가 아니더라도 그 때문에 지레 불이익을 각오할 필요는 없다는 것이다. 현장에 있다는 것만으로도 우리는 엄청난 우위에 놓이는 셈이기 때문이다.

오래 전 서비스 직종 종사자 3명 가운데 1명이 도움말이나 토론을 기대하는 고객 전화를 받아놓고도 응답전화를 하지 않는다는 조사결과를 본 적이 있다. 현장에서 응답전화를 한다는 것만으로도 엄청나게 좋은 조건이다.

✛ 하루를 마감하는 2가지 질문 ✛

많은 세일즈맨들이 소위 '파리 전략'을 따르고 있다. 파리는 밖으로 나가고 싶어하지만 오로지 창문을 향해서 직진한다. 그래서 어떻게 되나? 파리들은 후진해서 이번엔 더욱 거세게 창문을 향해 돌격해온다. 창문을 뚫지 못하면 다시 후진해 이번엔 정말 거세게 날아들다가 뇌진탕으로 죽고 만다.

인생에서나 세일즈에서나 파리 전법은 통하지 않는다. 뭔가 잘 안 되면 더욱 거세게 달려드는 것 말이다. 목표를 달성하기 위해서는 보다 영리한 길을 찾아야 한다. 하루하루가 끝날 때나 약속을 마칠 때마다 스스로에게 2가지 질문을 던져보자.

오늘은 무슨 일을 제대로 했나?

아직 제대로 안 된 것은 무엇인가?

나는 세일즈 관련 약속 자리가 파하고 나면 늘 짧은 재검토 시간을 갖는다. 차 안에 5분가량 앉아서 고객들이 제기한 이의 가운데 미처 답변하지 못한 부분에 대해 생각해보는 것이다. 내가 갖고 있지 않은데 고객들이 원한 통계는 어떤 것인가? 즉각 대답하지 못한 것들은 무엇인가? 1시간 전으로 비디오테이프를 되감는다면 뭘 어떻게 달리 처리할 수 있을까?

거래가 실패로 돌아간 경우에도 종종 무엇을 더 잘했어야 했는지 고객에게 직접 묻기도 한다. 이렇게 말이다. "불편하거나 개선돼야 할 사항이 있었다면 부디 알려주시기 바랍니다. 정말 함께 일하고 싶었으니까요."

사람들은 이럴 때 엄청난 피드백을 해준다. 어떨 때는 내 정직성과 그들의 요구를 맞춰주려는 열망에 감동한 나머지 다시 한번 심사숙고해 일거리를 주는 이들도 있다. 어떤 경우라도 고객의 피드백은 다음 단계의 거래를 성사시키도록 하는 데 큰 도움을 줄 것이다.

더이상 '평상시대로'만 사업할 수 없다

"벼락부자와 기업가는 변화를 사랑한다. 격동이 몰려와 게임판의 조각들을 뒤섞으면 그들은 시장점유율과 이익을 늘릴 기회를 얻는다." −세스 고딘

미래학자들에 따르면 세계는 향후 20년 동안 지난 100여 년간보다 훨씬 더 많은 변화를 겪을 것이라고 한다. 급격한 변화는 소사업자들에게 보다 커다란 시장을 잡을 기회를 제공해준다.

2
세일즈 기술

나는 아직도 타고난 세일즈맨들이 있다고 믿는다. 하지만 누구나 몇 가지의 핵심기술 등을 개발하고 지속적으로 실천해나가기만 하면 훌륭한 영업사원이 될 수 있다고 훨씬 더 굳게 믿고 있다.

나 역시 타고난 영업사원이 아니었다. 수줍고 겁 많고 절대 세일즈맨이 될 사람 같지 않아 보였다. 나는 말주변을 늘리기 위해 열심히 노력해야 했다. 하지만 물건 파는 데 필요한 기술을 습득하는 데는 분명 노력한 만큼 효과가 나타나 줬다.

이번 장에서는 무슨 분야가 됐건 세계적인 판매 왕이 되기 위해 마스터해야 할 핵심적인 기량이나 테크닉 등을 살펴보고자 한다. 하지만 우선 해서는 안 될 일부터 점검해보자.

＋ 세일즈에 관한 6가지 실수 ＋

스타 영업사원이 되기 위해 아래의 6가지 일들을 '해서는 안 될 일' 목록에 올려두라.

약속 안 지키기

항상 약속을 잘 지켜야 한다. 우리의 명성과 관계망, 성실성에 관한 꼬리표, 약속 준수에 대한 평판은 스스로 만들어나가는 것이다. 아주 중요한 사안이다.

지킬 수 없는 약속은 해선 안 된다. 많은 영업사원들이 지킬 수 있을지 없을지 확실하지 않은 상태에서도 "30분 내로 전달해드리겠습니다." "첫번째로 배달해드리죠. 문제없어요." 등 약속을 남발하고 있다.

고객과의 의사소통을 끊는 일

어떤 분야가 됐건 영업사원에 대해 고객이 가장 잦은 불만을 터뜨리는 대목은 자기들에게 지속적으로 정보를 주지 않는다는 점이다. 고객과 늘 연락이 닿을 수 있는 일상적 통로를 마련해두자. 전화 받는 사람이 아니라 항상 먼저 전화하는 사람이 되자. 고객과는 '과잉 의사소통'을 하라. 앞으로 어떻게 할 건지, 언제 할 건지, 언제 끝냈는지 늘 고객에게 말하자.

갈등을 방치하는 것

갈등은 결코 작아지지 않는다. 누군가 나서서 해결하기 전까지는 커져만 간다. 갈등은 생기는 즉시 태클을 걸자. 고객과 보다 튼튼한 관계를 구축할 수 있는 기회를 놓치지 말자. 어려움을 이겨내고 진실을 말하자. 어떻게 된 일인지, 어떻게 해결하려는지 등을 들려주자.

기대수준만 높여놓고 책임 못 지는 것

고객을 불러 앉혀 놓고 잠재적 위험요소까지 대강 설명해주는 영업사원은 드물다. 하지만 현실적인 기대를 품게 하기 위해선 그건 아주 필수불가결한 과정이다.

나는 부동산 중개를 할 때 고객에게 이렇게 말하곤 했다. "보통 제가 부동산 시장에서 매물을 중개하는 데는 30일쯤이 걸립니다. 어떤 고객의 집은 6개월간 안 팔리고 남아 있기도 한다는 점을 말씀드려야겠네요. 하지만 어떤 때는 보고 간 첫 손님이 집을 사가기도 하죠." 이렇게 집을 팔 때까지 얼마나 걸릴지에 대한 고객의 기대수준을 적절히 조율해두는 것이다. 하지만 많은 중개사들이 이 과정을 생략한다. 따라서 집이 안 팔리는 기간이 7일을 넘어가면 고객은 실망해 중개사들에게 화를 낸다.

위기관리에 모든 것을 거는 것

영업사원들은 대부분 당면한 가장 시급하고 도전적인 문제들에 관심과 에너지를 집중시키곤 하지만 실은 날마다 그런 데다 초점을 맞추는 것이 썩 잘하는 짓은 아니다. 위기는 분명히 닥쳐오며 그럴 때마다 적절히 관리돼야 한다.

하지만 너무나도 많은 영업사원들이 광적으로 위기관리에만 특화하고 있다. 물론 위기를 효과적으로 다루어낼 시스템을 창출해둬야겠지만 주안점은 사업을 앞으로 나아가게 할 활동들에 두어야 한다.

비난과 변명

바람직스럽지 못한 결과가 나오면 사람들은 자기 자신을 제외한 모든 것을 원망하고 싶어한다. 아주 커다란 실수다. 비록 자신의 통제권 밖에 있는 듯한 문제라도 책임을 떠안을 줄 알아야 한다.

행사는 열지도 못하게 되고 돈만 날리게 되는 상황이 생긴다면 어떻게 책임을 질 것인가? 물론 우리가 날씨를 통제할 수는 없지만 날씨가 나빠질 경우에 대비해 계획을 세워두지 않는 것은 문제다. 미리 대체 행사지를 낙점해 계약금을 걸어뒀어야 한다. 이익은 좀 줄어들겠지만 그렇게 함으로써 '보험 전략' 을 구사하는 셈이 된다.

✛ 버블 이론 ✛

내 친구 래리 엠더는 '버블 이론'이라고 불리는 멋들어진 전략을 개발해냈다. 우리는 고객과 함께 있을 때 상상의 거품(버블)을 만들어낸다는 것이다. 그 안에 들어가 스스로를 모든 외부적 이슈로부터 차단시키고 온전히 고객과 당면과제에만 집중하게 한다는 것이다.

바깥세상에서 우린 누구나 온갖 절박한 관심사들을 가지고 있을 수 있다. 집에서 배우자와 말다툼했을 수도 있고, 좀 있다가 꺼려지는 어떤 일에 착수해야 할 수도 있다. 무엇이든 두통거리가 될 수 있다. 하지만 고객을 상담하는 30초나 25분 등의 짧은 시간에만은 우리와 고객이 함께 상상의 거품에 둘러싸여야 한다. 주의 산만도, 부정적인 에너지도 더 이상 없다.

이 전략은 사람 만날 때마다 써먹어도 손색이 없는 멋진 테크닉이다. 관리자, 보스, 직원은 물론이려니와 심지어 일로 만나는 것이 아닌 친구나 가족에 대해서도 유용하게 쓸 수 있다.

마지막 3발자국

내가 래리 엠더에게서 빌려온 또 다른 근사한 기술이 '마지막 3발자국'이라고 하는 것이다. 이는 상대에게 훌륭한 첫인상을 심어주어 우리에게 주어진 작고 작은 기회의 창에서 최대한의 것을 얻어내기 위한 전략이다.

래리는 의약 방문판매원들을 훈련시키는 도중 이 기술을 개발했다. 그는 의약 세일즈맨들에게 방문판매의 전형적인 과정을 말해달라고 했다. 그들의 얘기는 이랬다. "신약이 개발돼 나오면 우린 외과에 전화를 걸어 의사를 만날 약속을 합니다. 의사는 바빠서 방문판매원들과 잡담하고 싶어하지 않지만 우리는 어쨌든 약속을 잡아냅니다. 약속날이 되면 환자들과 함께 로비에서 죽치고 기다립니다. 업무를 다 마치고 나면 의사는 그제야 문을 열고 '안녕하세요, 들어오시죠.'라고 말합니다."

이때가 아주 결정적인 순간이다. '일어서서' '앞으로 나가' '의사와 악수하는' 그 '마지막 3발자국' 동안 어떻게든 연결고리를 엮어내야 한다. 외모, 에너지, 미소, 악수, 그리고 입을 떼 말하는 첫 다섯 단어가 결정적으로 중요하다. 모든 준비를 다하고, 환상적인 프리젠테이션을 하고, 결점을 찾아볼 수 없는 상품에 대한 지식을 갖췄더라도 이 마지막 3발자국을 날려버리면 한순간 세일즈를 망쳐버릴 수 있다.

이 마지막 3발자국이 세일즈 절차에 있어서 결정적으로 중요하다는 점을 인식하고 준비가 돼 있어야 한다. 지저분하고 흐트러진 모습을 보여선 안 된다. 피곤해 보이거나 술 또는 마늘 냄새를 풍기는 것도 금물이다. 기회를 놓치지 마라! 즉각적으로 강렬한 효과를 일으켜 즉시 관계를 창출해야 하며 간략하고 핵심을 찔러야 한다.

영업사원들의 최대 적수는 무기력증이다. 스타트라인에서 목표가 놓인 방향으로 달려나가기 시작하면 더 많은 도전이 우리를 기다린다. 일단 추진력이 생기고 나면 판매량을 끌어올리는 것은 식은 죽 먹기다. 그런데도 많은 세일즈맨들이 출발조차 하지 못하고 있다.

＋ 세계적인 수준으로 프리젠테이션하기 ＋

나는 지난 세월 동안 숱한 세일즈 프리젠테이션을 해오며 유용한 비결과 기술을 많이 익혀두었다. 이를 독자와 나누고자 한다.

준비된 발표자

적절한 준비 없이 세계적 수준의 프리젠테이션을 한다는 건 불가능하다. 내용을 기계적으로 외워야 한다는 얘기가 아니다. 우리와 판매(고객의 관심, 쟁점, 조건 등) 사이에 놓인 장애물을 극복하기 위한 준비를 해야 한다.

이미 그게 뭔지는 잘 알고 있을 것이다. 고객이 가지고 있을지도 모를 의혹들을 발견해낼 수 있도록 질문 목록을 미리 작성하라. 약속을 잡으면서 고객을 상대로 미리 질문지 위에 올려둔 여러 사항들에 대해 테스트를 해볼 수도 있다.

나는 12개의 질문을 담은 목록을 준비하곤 했다. 지금 타이밍이 어떤가? 전에도 부동산을 팔아본 적이 있는가? 그때의 경험은 어땠는가? 만나는 자리에 특별히 준비해오거나 그때 토론하기를 바라는 점들이 있는가? 만나서 얘기하는 데 시간은 얼마나 예상하는가?

쟁점이 뭔지를 잘 알고 나면 발표할 준비를 더욱 잘할 수 있다. 보통 나는 프리젠테이션을 앞두고 1시간가량은 준비를 한다. 특정 고객에게 얘기하는 데 유용할 정보나 사례나 통계 등을 수집한다.

또한 마음속으로 잠시 예행연습을 해보기도 한다. 나는 어떤 좋은 결과가 나올 수 있을지 마음속으로 그려본다. 고객과 정말 잘돼 좋은 관계를 맺게 되는 모습을 떠올려본다. 어떤 문제가 제기돼도 너끈히 다뤄내는 모습, 서비스 계획을 명료하게 설명해내는 모습도 예견해본다. 마침내 계약서에 사인을 받아내 그 집을 나와선 '매물'목록에 잇따라 매도 사인을 즉시 올리게 되는 모습도 상상해본다.

이쯤 되면 마음속에서는 이미 나는 그와 계약을 맺고도 남았다. 얼마나 자주 이 모든 일이 마음속에 그린 그림 그대로 실현됐는지 모른다.

마음속에 품은 상상의 힘

몇 해 전 누군가 내게 아름다운 호텔 로비의 사진이 담긴 엽서 1장을 보내주었다. 나는 그걸 잘 간직했다가 내 '성공' 잡지 속에 붙여놓았다. 돈이 조금 더 많아지면 머물러볼 만한 곳으로 여겨졌기 때

+ 프리젠테이션은 고객 중심으로 +

프리젠테이션에서 가장 중요한 덕목은 고객 중심이어야 한다는 것이다. 스스로를 고객의 입장에 가져다놓으라. 고객은 "그게 내게 무슨 영향이 있는가?"를 늘 가장 알고 싶어한다. 그런 의문을 집중적으로 해소시켜주는 프리젠테이션이 곧 계약 성사로 가는 지름길이다.

종종 자기 이름으로만 도배된 브로셔를 만드는 부동산 중개사들을 본다. 자신의 성과며 얼마나 프로정신을 갖고 임해왔는지 등을 장황하게 늘어놓은 것들이다. 하지만 잠재고객은 그런 것에 관심 없다. 다시 한번 본인 스스로가 아니라 고객에게 초점을 맞추라.

프리젠테이션을 할 때나 홍보 브로셔를 만들 때나 항상 우리와 계약해서 고객이 누릴 편익이 무엇인지부터 명백하게 밝혀둬야 한다. 사소한 세일즈 담보물 하나하나부터 프리젠테이션 전체에 이르기까지 고객에게 제공할 수 있는 편익이 무엇인지를 명료하게 밝히는 데 초점이 맞춰져야 한다.

연습하면 할수록 완벽에 가까워진다

일단 고객이 될 법한 이들의 관심사, 쟁점, 조건 등을 알게 됐다면 다음으로는 실제로 고객을 만났을 때 편안하게 그들을 대할 수 있어야 한다. 일단 고객 아닌 다른 이들을 상대로 역할 연습을 해보길 권한다.

나는 15년 전 처음 부동산 중개업에 나섰을 때 동료와 함께 비디오카메라 앞에서 역할 연습을 해보곤 했다. 고객과의 일을 모두 처리하고 방문도 모두 마친 하루의 끝 무렵 자리에 앉아 30여 분씩 역할극을 하곤 했다. 일단 내 친구가 그 다음날 고객이 가장 많이 제기할 법한, 또는 그날 실제로 가장 많이 받은 반대 의견을 펼쳤다. 그러면 나는 그에 대한 대답을 연습했다. 그런 다음엔 서로 역할을 바꿨다.

나는 이런 연습을 함으로써 반론이나 쟁점을 제기하는 고객을 훨씬 편하게 다룰 수 있게 됐다. 내 답변은 완전히 자연스러워져 미리 준비됐다는 낌새나 느낌 따위는 전혀 주지 않았다. 사람들이 이런 쟁점을 제기하리라는 것을 미리 예상하고 대처했기에 실전에서 훨씬 쉬웠던 것이다.

그것은 속이는 게 아니다. 세일즈에서 맞닥뜨릴 가상의 상황에 대해 모의연습해봄으로써 보다 완벽한 성과를 올리도록 하는 일이다. 마치 스포츠팀이 목요일 밤에 후보군을 상대로 연습게 임을 펼치는 것과 똑같은 이치다. 상대팀과 맞붙을 때를 위한 준 비인 것이다.

이런 역할연습의 목적은 과도한 걱정에 사로잡히지 않은 채 고 객이 제기하는 쟁점들을 보다 편안하게 다루자는 것이다. 우리 의 답변이 강요된 느낌이 들거나 부자연스럽지 않도록 준비를 하 는 것이다.

더 많이 연습할수록 답변이 더욱 내면화돼 한결 자연스럽게 들 릴 것이다. 어쩌면 처음 몇 번 동안은 연습해둔 답변을 말할 때 약간 부자연스럽다는 느낌을 갖게 될지 모른다. 어쩌면 고객이 불편해하고 거래를 잃을 수도 있다. 하지만 모든 것은 자전거 타 기를 배우는 것과 비슷하다. 몇 번 넘어지고 나면 그 이후로는 쭉 잘 타게 되는 것이다.

연습을 안 해도 될 만큼 잘하는 사람이란 없다

경력이 '빵빵한' 프로 세일즈맨들 가운데는 지금까지도 딱 들어맞 는 프리젠테이션을 해왔으며 별도의 연습이 필요없다고 생각하는 이들이 있을지 모른다. 하지만 내 경험으로는 최고의 영업사원이라 도 계속 연습을 해야 한다. 모든 것을 미리 알고 있다고 생각한다면 그들은 결코 요점을 찌르지 못할 것이다.

미시간 주 브라이튼의 밥 발른은 세계 1위의 부동산 중개업자다. 그 의 팀원들(역시 최고의 영업사원으로 짜인)은 매일 오전 8시 30분부터 9시 15분까지 45분간 세일즈 각본을 연습한다.

통계

고객과 관련 있는 몇 가지 통계를 늘 챙겨둬라. 고객은 통계에 감명 받는다. 통계야말로 우리가 충실한 조사를 수행했고 우리가 잘 알고 말하는 것이라는 점을 보여주기 때문이다. 또한 통계 속의 정보가 때로 고객을 깨어나게 만들기도 한다.

내가 부동산 중개 현업에 있었을 때 한 지역에서 그 지역 출신의 매수자가 몇 프로나 되는지를 알고 있었다. 그럴 때 나는 "홍보 계획을 짜기 전에 정말 알아둬야 할 중요한 1가지는 매수의사를 가진 이의 82%가 지금 우리가 앉아 있는 이곳으로부터 7km 안에 있다는 점입니다."라고 말하곤 했다. 그렇게 하면 고객은 거래 과정에 대한 이해가 깊어질 뿐만 아니라 우리가 유능하고 전문적이고 정말 잘 알고 말해주는 중개인이라는 확신을 갖게 된다. 우리를 단연 도드라져 보이게 하는 방법인 셈이다.

사례 연구

사례연구 역시 매우 유용하다. 사례연구 결과는 마치 사회적인 징표의 한 형태처럼 보이기에 거래를 유보하고 싶어하는 고객의 마음을 극복하도록 도와준다. 나는 고객이 제기할 법한 4~5가지 중요쟁점을 골라 그 각각에 대해 늘 실제 사례를 연구해보곤 했다.

예를 들어 누군가 이렇게 말했다고 하자. "현장 경매를 해야 할지 확신이 서질 않습니다. 내가 만나본 다른 중개인들은 모두 입회장에서 경매를 한다고 합니다." 그때 나는 이런 식으로 대답

한다. "이해합니다. 많은 중개인들이 입회장 경매를 추천하고 있
죠. 하지만 현장 경매에 대한 최근 우리의 경험들을 들려드리죠.
그게 얼마나 잘됐는지요. 입회장에서라면 절대로 얻지 못할 환
상적인 결과를 얻었답니다."

따라서 쟁점이 될 만한 사안이 무엇이건 고객에게 확신을 주기
위해서는 적절한 연구 사례를 가지고 있어야 한다.

시각자료

나는 프리젠테이션을 할 때면 항상 시각자료를 이용한다. 정
말 그림 1장이 천 마디의 말과 맞먹는다. 자신의 메시지를 보다
효율적으로 전달하기 위해서는 그림을 사용해야 한다.

나는 늘 코닥 사진기 주머니에 내가 말하고자 하는 요점을 잘
설명해줄 사진이나 그림 등을 넣어가지고 다닌다. 나는 경매에
자신없어 하는 고객에게 클로벌리에서 우리가 수행했던 현장 경
매 사진을 보여줬다. 그것은 자그마한 연립주택이었고 150여 명
가량이 모여 있었다. 잔디밭엔 풀잎 하나 없었고 다들 펜스 위에
앉아 있었다. 도처에 사람이었다. 우리는 기록적인 가격으로 그
집 거래를 성사시켰다.

나는 사진을 꺼내 고객들에게 건네며 말했다. "어디서 경매를
해야 타당할지에 대한 의문을 제기해주서서 기쁘게 생각합니
다." 그리곤 왜 현장 경매가 최고의 방법이라고 생각하는지 내
의견을 설명했다. 이렇게 되면 고객들은 한결 마음의 긴장을 풀

게 된다.

시각자료가 반드시 초호화판일 필요는 없다. 우리의 클로벨리 경매 사진도 내 친구가 찍어준 것으로 뒷면에 날짜가 새겨진 스냅사진이었다. 프로 사진사의 관점에서 보자면 휴일 스냅사진이나 다름없었다. 현장을 찍은 그대로의 사진이었고 고객들이라면 누구나 볼 수 있었다. 의심을 사기 쉬울 정도로 겉만 번드르르한 브로셔에 담겨 있는 그런 것이 아니었다.

사람들이 시각자료를 직접 손에 쥐어볼 수 있도록 해야 한다. 그래야 고객이 거래과정에 깊숙이 개입돼 있다는 생각을 하게 돼 보다 재미를 느끼며 거래과정에 참여하게 된다.

어떤 사진이나 그림이 설명회의 질을 높여줄지 1번씩 생각해 보자. 통계에 대해 설명하고자 할 때는 그래프나 차트도 이용해야 한다.

조직화

최근에는 고객이 가장 중요하게 여기는 요소 중 하나로 속도가 꼽히고 있다. 빠른 답변과 고객의 질문에 대한 성의 있는 업데이트 등은 스스로를 경쟁자와 차별화시키는 훌륭한 방법이다. 속도는 조직화에서부터 온다. 영업사원들은 고도로 조직화돼 있어야 한다. 프리젠테이션에 앞서 이미 모든 것이 준비돼 있어야 한다. 판매 관련 수단, 시간관리 수단 및 지원팀까지 다 필요하다. 모두가 협조해야 한다. 모두가 일사불란하게 손발을 맞춰야 하며 모든 문제에 접근이 가능해야 한다.

5분 일찍 도착하기

나는 프리젠테이션이 있는 날이면 늘 5분 일찍 도착하곤 한다.
그럼 시간을 잘 지키고 매우 열심이라는 평판을 얻는다. 3~5분가
량 먼저 오는 게 좋다. 10~15분가량이나 먼저 와버리면 다른 사람
들이 놀랄 것이다. 그건 좋은 스타트는 아니다.

의제부터 설정하라

고객과 함께 있을 때 해야 할 첫 번째 일이 의제 설정이다. 이
걸 해둬야 고객이 마음 편해한다. 다루고 싶은 범위를 대략 결정
한다. 그런 다음 고객에게 토론하고 싶은 또 다른 질문이나 쟁점
은 없는지 물어본다. "질문이나 토론해보고 싶은 쟁점 등이 분명
있으실 겁니다. 그런 문제들이 있다면 알고 싶습니다. 토론 과정
에서 그런 문제들까지 짚어보게 해주세요."

프리젠테이션을 통해 고객이 품고 있을 의문점들까지 포괄할
수 있도록 질문이나 쟁점 사항들을 잘 기록해둬야 한다.

상호신뢰 구축하기

고객과 신뢰를 쌓아 편안하게 거래할 수 있도록 해주는 게 중
요하다. 상호신뢰 구축은 고객의 욕구를 함께 느끼고 공감한다
는 것을 보여주는 일이다.

사람들은 동질감이 느껴지는 이들을 접할 때 보다 편안해하게
마련이다. 따라서 상호신뢰를 쌓는 훌륭한 길은 고객의 거울이

되는 것이다. 몇 가지 방법이 있다. 고객과 보조를 맞추는 것도 그 하나다. 고객이 빠르게 움직이는 사람이라면 프리젠테이션을 할 때도 그에 맞춰 속도를 몇 단계 높여야 한다. 고객이 느린 사람이라면 우리 역시 속도를 좀 늦춰야 한다.

분석적인 고객을 상대할 때는 통계나 세부적인 사항에 보다 초점을 맞춰야 한다. 예술적인 심성을 가진 고객을 만나면 시각자료와 창조적인 마케팅 플랜에 중점을 둬야 한다. 말투도 고객의 것을 반영해 공식적인 어투를 쓸지, 비공식적인 어투를 쓸지 결정해야 한다.

사람들은 종종 내 세일즈 스타일은 어떤 것이냐고 묻는다. 난 내가 거래하는 사람에 따라 달라진다고 말한다. 거래 상대가 보다 편안하게 느끼는 방법이야말로 내 판매전략이기 때문이다. 빨리 하건 천천히 하건, 공식적이건 비공식적이건 간에 말이다.

자기 말만 하기보다 질문을 많이 하라

이미 눈치 챘겠지만 나는 늘 질문 중심의 프리젠테이션을 하는 편이다. 많은 세일즈맨들이 진술 중심의 프리젠테이션을 하다가 망치곤 하는 것을 봐왔다. 그들은 그저 표준적인 얘기들만 늘어놓곤 누군가 덥석 물어주기만을 기다린다. 고객이 구매 의사결정을 할 때 알고 싶어하는 것이 무엇인지를 찾아내기보다는 그저 자신을 팔아치우기에 급급하다.

나는 프리젠테이션을 할 때면 그 거래를 따낼 것이라고 추정하고 덤벼든다. 누구나 그렇게 생각해야 한다. 아니라면 거기 있을 이유가 없지 않는가? 때문에 나를 고객들에게 팔아야 하는 단계는 이미 지나간 셈이 되며 문제가 되는 것은 고객이 나와 거래할 때 가지게 될 관심사나 쟁점 등을 어떻게 해소시켜주느냐 하는 점이다.

내가 항상 대놓고 질문하는 것 가운데 하나는 다음과 같다. "부동산을 매도하고 중개사를 선정할 때 가장 중요하게 보는 점은 무엇입니까?" 그렇게 해야 "잘 모르겠는데요"라는 애매한 태도를 벗어버리게 해 1시간짜리 부동산 괴담을 끌어낼 수 있다. "지난번에 우리는 홀랑 사기를 당했어요. 세상을 다 줄 것처럼 말하더니 아무것도 해준 게 없었어요. 그래놓곤 터무니없는 바가지를 씌웠죠. 사촌동생이 다시는 부동산 중개인들을 믿지 말라고 하더라구요." 뭐가 됐든 처음부터 이런 것들을 알고 시작하는 게 중요하다.

올바른 질문으로 고객의 핵심 관심사를 발굴해내는 일이 정말 중요하다. 고객이 자신의 생각을 무제한 털어놓을 수 있도록 자유롭게 대답할 수 있는 질문을 해야 한다.

일단 올바른 질문을 통해 고객의 쟁점과 관심이 무엇인지 파악했다면 이젠 전문가로서 좋은 방법을 추천할 때다. 이제야 고객이 '예스' 또는 '노'라고 대답해야 할 차례가 오는 것이다.

'YES'건 'NO'건 결론을 얻어내라

과거에는 종종 '거래를 마친다'는 개념을 썼다. 하지만 내겐 마치는 게 아니다. 프리젠테이션은 고객이 관심 갖는 물건을 추천하고 추인받는 절차다.

어느 단계에서는 우리의 기어를 고객의 보폭에 맞춰놓고 고객이 결정한 사안을 들어줘야 한다. 자신이 추천한 것들을 고객이 선택할지 확인하기 위한 질문을 던져야 하는 것이다.

이렇게 말이다. "지금까지 이 부동산 경매에 대해 얘기해봤는데 고객의 생각은 어떠십니까? 앞으로 90일간은 이사를 못하신다기에 그럼 1월 1일부터 시작하자고 말씀드렸는데 그 정도면 괜찮으십니까? 집이 아침에 가장 멋져 보인다고 해서 목요일과 토요일 오전 10시부터 11시 사이를 말씀드렸는데 그건 어떻습니까?"

프리젠테이션을 마치고 난 뒤엔 몇 가지 결과가 예상될 수 있다. 고객과 계약을 맺게 될 수도 있지만 고객이 다른 에이전트로 옮겨갈 수도 있다. 아직 해결해야 할 몇 가지 문제점들이 더 남아 있을 수도 있다. 결정을 짓지 못하고 망설이는 상태로 남겨두기보다는 어느 쪽이 됐건 결정을 내리도록 유도해야 한다.

나는 프리젠테이션을 시작하기 전에 이렇게 말해둔다. "마치고 나면 몇 가지 가운데 결정하셔야 할 겁니다. 어떤 결정을 하든 저는 괜찮다는 말씀을 미리 해둡니다. 우리 회사와 계약해 저와 함께 일하기로 한다면 물론 기쁠 겁니다. 이 집은 정말 팔아보고 싶은 집이니까요. 하지만 우리 회사가 적절치 않다고 생각하거나 저와 함께 일하는 게 마음 놓이지 않는다면 그래도 괜찮습니다. 어쨌건 우리가 전화로 얘기한 바에 따르면 고객의 시간표를 감안해볼 때 어느 쪽이 됐건 결정은 오늘 내리는 게 가장 좋을 것 같습니다."

이런 식으로 고객이 '노'라고 말하는데 거리낌을 느끼지 않을 상황을 미리 조성해두면서도 "어쨌든 끝에는 결정을 내리라."는 언질을 빼놓지 않는 것이다.

나는 다른 사람들보다 더 용감한 부류는 절대 아니지만 보다 과감하게 돌진해야 하는 10~15초 정도의 순간이 있다는 점을 잘 알고 있다. 고객이 듣고 싶어하지 않는 추천을 해야 할 때도 있다. 거절당할 게 뻔해 보이는 질문을 해야 하는 순간도 닥쳐온다.

때문에 독하게 마음먹고 엄청난 질문을 해야 할 15초 동안 보다 용감해져야 한다고 스스로를 격려한다. "자, 어떻게 생각하십니까? 저한테 집을 팔아달라고 맡겨도 마음이 놓이시겠습니까?"

정말 중요한 10초

호세 칸세코는 한 시즌당 평균 30개씩의 홈런을 쳐내는 미국 프로 야구 스타 플레이어다. 이로 인해 그는 떼돈을 벌어들이고 있다. 그는 한 인터뷰에서 이렇게 말했다. "홈런을 치는 데는 10초 정도 걸린다. 그밖의 훈련은 이를 위한 준비과정이지만 아무 상업적 가치가 없다." 그는 타자석에 들어서는 순간 앞으로 10초간 가장 뛰어난 플레이를 펼쳐야 한다는 점을 잘 알고 있었다.

세일즈에서도 마찬가지다. 세일즈맨들은 보통 주당 60시간씩 일하지만 중요한 것은 그 가운데 3~4시간 정도다. 고객과 얼굴을 맞댄 채 계약을 하고 판매를 협의하고 사업을 선전하는 그 시간들이다. 이에 앞선 서류작업은 돈을 가져다주지 않는다. 타자석에 올라섰을 때 최적의 용량으로 움직여야 한다는 점을 명심하기 바란다.

숨을 크게 들이쉬고 긴장을 풀어라

숨을 크게 들이쉬라. 너무 심각해지지 말라! 지금의 위치에만 정신을 집중시키고 긴장을 풀어라.

스스로를 너무 진지하게 여기지 말라. 말도 못하게 경쟁적인 사람도 있을 것이다. 고객을 만날 때마다 믿을 수 없을 만큼 흥분하는 이도 있다. 하지만 전체적인 관점에서 바라보도록 노력하라. 프리젠테이션 할 때마다 거래를 따내면 물론 좋겠지만 한두 개 놓쳤다고 해서 인생이 바뀌지는 않는다.

나도 역시 가능한 한 모든 거래를 다 따내고 싶어했다. 하지만 고맙게도 내 생에 일어나줬던 다른 많은 좋은 일들과 함께 일이 잘 안 될 경우 돌아올 잇점(예를 들면 거절당했을 때 어떻게 대처해야 할지 배운다 등)에 대해서도 생각해뒀다.

사후 관리가 더 중요

일단 물건이나 서비스를 팔고 나면 고객과는 곧장 연결이 끊기기 십상이다. 판매를 하고 난 뒤 바로 고객과 연락을 취해 그들이 내린 결정의 효익을 계속 확인해주는 게 필요하다.

나는 주택 매매를 의뢰해온 고객에게 늘 다음날 전화를 걸어 주택 판매라는 엄청난 결정에 부수적으로 따라올 우려를 조금이라도 덜어주고자 했다. 어떤 때 고객은 그간 고려하지 않았던 다른 중개인에게 전화를 해봤을 수도 있다. "다른 중개사에서 말하길 당신네들이 너무 바빠서 일을 잘 처리해줄 것 같지 않으니 자신들과 계약하면 반값에 해주겠다고 하더라구요."

나는 침착하게 대답한다. "그 사람들 그렇게 말하리라고 예상하고 있었습니다. 자기네들이 일을 못 따게 돼 속이 상한 거거든요. 능히 짐작할 수 있어요. 하지만 고객께서 저희를 선택하신 이유를 다시 확인해보자면……" 아주 침착하고 지적으로 이 상황을 설명해 고객이 침대에서 발 뻗고 쉴 수 있도록 해주는 것이다.

＋ 물건의 특징이 아니라 편익을 선전하라 ＋

사람들이 물건이나 서비스를 구매하는 이유는 그 특징 때문이 아니다. 그 물건이 고객에게 제공하는 편익이 있어서다. 자동차를 예로 들어보자. 어떤 자동차의 특징은 에어백이 장착된 점이라고 하자. 하지만 차의 편익은 승객을 안전하게 운송하는 것이다. 고객이 차를 사는 이유는 바로 그것이다. 가족을 안전하게 태우고 가고 싶어서다.

물론 자신이 판매하는 상품이나 서비스의 특징을 잘 알고 언제든 자세히 설명할 수 있어야 한다. 하지만 고객에게 정말 말해줘야 할 것은 그 편익이다.

우리 회사는 웹사이트에 보유 중인 부동산 물건들을 올려놓아 1달에 170만 번의 히트수를 기록하곤 한다. 하지만 고객의 입장에서 그들의 부동산이 웹사이트에 게시돼 좋은 점은 뉴욕이나 런던으로부터도 의사타진을 받을 수 있다는 점이다. 그런 문의자들은 파운드나 달러로도 입찰할 것이며 결국 고객은 경매일에 더 나은 가격을 받게 될 것이다.

이때 특징은 웹사이트이지만 고객이 누릴 편익은 더 나은 가격 그 자체가 될 것이다.

4가지 핵심 영향 요인

판매과정에 가장 강력한 영향을 미치는 4가지 요인은 다음과 같다.

1. 사회적 인정

의사결정을 앞두고 확신을 갖지 못할 때 사람들은 동일한 상황에서 다른 이들이 내린 성공적인 의사결정 등에 강한 영향을 받게 마련이다. 영업사원들에게 의뢰서나 입소문이 가장 강력한 사업의 원천이 될 수 있는 것도 이 때문이다. 사람들은 친구나 동료가 이미 거래해왔던 파트너와 거래하는 것을 훨씬 편안하게 생각한다.

1980년대 IBM은 마케팅 캠페인을 벌이며 이런 슬로건을 내건적이 있었다. "IBM을 구매했다가 해고된 사람은 없다." 이 문구는 IBM이야말로 이미 다른 사람들이 성공적으로 검증한 안전한 선택이라는 점을 홍보해 잠재적 구매자들에게 안도감을 심어주기 위한 것이다. 사람들이 위험을 감수하며 다른 회사 제품을 써보느니 IBM의 검증된 효과를 믿고 따르게 되면서 IBM 컴퓨터 판매는 최고조에 이르렀다.

추천장이나 사례연구 등도 고객이 우리 상품을 사도록 돕는 홀륭한 사회적 증빙이 될 수 있다.

2. 고객은 좋아하는 사람과 거래하고 싶어한다

우리 모두 경험해본 일이다. 훨씬 좋은 조건에 제의를 받았으면서도 우리가 좋아하는 상대방과 거래하고 싶어 그걸 정당화할 만한 이유를 찾아 헤맨 일 말이다. '내가 좋아하는 사람'을 선택의 기준으로 삼는 것은 잘못된 게 아니다. 우리가 상대방을 좋아한다면 그를 보다 신뢰하게 될 것이며 보다 신뢰하는 사람과의 거래 과정은 훨씬 즐거울 것이기 때문이다.

따라서 판매전선에 나서는 과정에서 아주 중요한 요소의 하나가 고객과의 상호신뢰관계 구축 및 이해관계의 개발이다. 이를 가장 잘 수행하기 위해선 고객에게 충실한 질문을 던지고 대답을 적극적으로 경청해야 한다.

적극적 경청이란 문자 그대로 자신이 말할 차례를 기다리지 않고 상대방의 대답만을 주의 깊게 듣는 것이다. 그들의 관심사를 이해해야 한다. 우리의 추천이 우리 스스로를 위해서가 아니라 고객을 위해 가장 좋은 것이어야 한다. 이렇게 접근하면 반드시 고객의 신뢰를 얻게 될 것이고 거래를 따낼 가능성이 극적으로 높아질 것이다.

3. 희소성

사람들은 일반적으로 가질 수 없는 것이나 아주 제한적으로 공급되는 것일수록 더 가지고 싶어한다. 그런 물건일수록 아주 특별하게 여겨져 다 떨어지기 전에 긴급히 구매해야 한다는 조바심을 불러일으킨다.

어떤 판매 환경을 조성해야 이런 조바심을 불러일으킬 수 있을까? 어떤 분야에서는 아주 자연스레 그런 환경이 조성된다. 최상류층 시장에서는 선택의 범위가 매우 좁고 재고도 엄격하게 통제되고 있다. 롤스로이스의 새 모델을 구매하기 위해서는 대부분의 나라에서 12개월 이상씩 웨이팅 리스트에 이름을 올려둬야 한다.

하지만 대부분의 생필품 시장에서는 그런 분위기를 만들기가 한층 어렵다. 내가 잘 쓰던 방법은 스스로 제한선을 설정하는 것이다. 나는 한꺼번에 제대로 돌봐줄 수 있는 고객의 최대 규모가

12명이라고 판단해 스스로 인원수를 통제하기로 했다. 그리고 나에게 누군가 부동산 매도를 위해 접촉해올 때는 바로 이런 이유로 지금 당장은 일을 맡을 수 없겠노라고 하지만 기다려준다면 1~2주 내로 다시 상담을 시작하겠노라고 얘기하곤 했다.

사업을 해온 지난 15년간 내 앞에는 항상 줄서서 기다리는 고객이 있었다. 이렇게 된 데는 내가 한꺼번에 거래할 수 있는 고객 수를 통제해왔다는 바로 그 점도 한몫을 단단히 했다.

4. 상호주의

누군가를 위해 부가가치를 창출해주면 그 누군가는 아무래도 호의에 보답하려 하게 마련이다. 세일즈에서는 어떨까? 고객을 만날 때마다 나는 처음부터(고객에게 아직 중개인이 필요하기 전 단계에서부터) 우리 관계에 부가가치를 창출하려고 애쓴다. 그러다 보면 고객이 집을 팔 때가 됐을 때 자연스레 나를 찾게 마련이다.

나는 누군가를 만나면 그에게 최대한의 정보와 조언을 아끼지 않는다. 시장을 이해하도록 도와주고 적합한 잡지나 편지도 보내준다. 때로는 그들이 당장 필요로 하는 다른 서비스 제공업자와 연결시켜 주기도 한다. 이처럼 두드러지게 가치있는 일들을 해주면 부동산을 매도하기 위해 중개인을 선택해야 할 때 자연스레 나를 선택하게 되는 것이다. 고객이 내게 보답해야 할 의무를 느껴서가 아니다. 가치있는 일을 해준 이에 대한 자연스런 반응인 것이다.

✛ 고객의 구매 스트레스를 해소시키는 방법 ✛

고객은 감정적으로 제품이나 서비스에 이끌리기 쉽지만 그로 인해 잘못된 선택을 할까 두려워 이를 극복할 지적인 조언을 필요로 한다.

고객은 잘못된 선택을 하지 않기 위해 끊임없이 부정적인 생각들을 늘어놓는다. 이를 보통 반대, 두려움, 걱정이라고 부른다. 어떤 종류의 산업이나 제품군에서도 이런 일은 항상 똑같이 일어난다.

사업과 고객에 대해 생각해보자. 마음속으로 최근에 했던 몇몇 프리젠테이션을 상기해 고객의 반대, 두려움, 우려를 불러일으킨 공통분모를 추려내보자. 그게 무엇이었던가?

종이 1장에 목록을 적어보자. 그리곤 좀더 깊이 들어가 그 가운데서도 특히 반복해서 일어났던 공통된 문제들이 있다면 어떤 것이었는지 자문해보자. 대부분 아주 특정한 내용들로 제한돼 있다는 것을 알게 될 것이다. 감춰진 값진 보물인 셈이다. 하지만 진정한 해답에 접근하기 위해서는 몇 단계를 더 거쳐야 한다.

무엇보다 이렇게 자문해보라. "고객의 우려를 누그러뜨리기 위해 내가 사전에 할 수 있는 일들이 있을까?" 있다면 그 일을 하라.

우리의 톱 클래스 중개사 가운데 하나인 매튜는 사람들이 부동산 업계 대부분에 대해 어떻게 생각하는지를 잘 알고 있다. 그런 이들이 그렇게 많지는 않다. 그는 자신은 항상 청렴결백하게 일하지만 다른 많은 이들은 그렇지 않을 수도 있다는 것도 알고 있다.

때문에 부동산을 사고 팔려는 고객들은 중개인에 대해 냉소적이 되거나 노골적인 적대감을 드러내기도 한다.

때문에 그는 잠재 고객들에게 과거 거래한 고객들의 전화번호 명단을 넘겨준다(그렇게 하기 전에 과거 고객들의 허락을 받는 것은 물론이다).

그는 이렇게 설명한다. "스미스 씨 내외분, 새로운 고객에게 제가 해드리는 일 하나는 제 과거 고객들의 전화번호 명단을 드리는 겁니다. 저와 부동산 중개 계약을 맺는 데 있어 걱정되는 게 있다면 언제든 명단에 있는 아무 분께나 전화를 해 그분들이 저와 함께 일했던 경험을 들어보십시오."

그는 이런 전략으로 지구상에서 가장 수임료가 비싸고 존경받는 부동산 관련 인사가 됐다.

왜 그게 그렇게 효율적일까? 일단 매튜는 자신이 들려줬던 모든 얘기를 각자 따로 확인해볼 기회를 고객에게 줬다. 매튜의 신임도와 고객의 신뢰가 즉각 치솟아올랐다. 두 번째로 그는 접근하기 쉬운 참고 채널들을 제시해줌으로써 고객이 '숙제'를 하기 쉽도록 도와줬다.

간략하게 말해 매튜는 고객이 보다 더 쉽게 그를 선택하도록 만들어준 것이다.

가장 놀라운 일은? 사람들은 보통 다른 고객에게 전화 1통 걸어보지 않고 그냥 매튜를 고용한다는 사실이다. 그토록 자신 있어 하는 사람이라면 믿어볼 만하다고 느끼기 때문이다.

3
사업과 나를 마케팅하라

마케팅의 진수는 고객의 욕구를 충족시켜 주는 것이다. 마케팅은 단지 광고, 브로셔, 웹사이트, 전화번호부에 기재되는 일 등이 아니다. 이는 자신의 태도와 관련된 일이다. 이렇게 스스로에게 자문하는 것이다. "어떻게 하면 오늘 하루 고객에게 더 나은 서비스를 제공할까? 어떻게 세계적 수준의 서비스를 창출해 낼까? 어떻게 고객을 우리의 열광적인 팬으로 바꿀 수 있을까?"

✛ 나를 마케팅하라 ✛

이 책의 독자 가운데는 사업가, 세일즈맨, 중견관리자가 아닌 이들도 있을 것이다. 실업자나 회사의 승진 계단 맨 아래에서 갓 사회생활을 시작한 이들, 파트타임 직원, 은밀히 기업가의 야망을 키워가는 이들도 있을 것이다.

경력이 어느 단계에 와 있는지, 공식적인 직함이 무엇인지 등은 하등 문제가 되지 않는다. 바로 지금 그 자리에서 본인의 마케팅 노하우 또는 사업상의 능력을 만들어나갈 수 있다. 필요한 것은 새로운 마음가짐뿐이다. 지금부터 스스로를 하나의 전문적인 서비스 회사라고 생각하자. '나 주식회사'가 되는 셈이다. 주유소 안내원이건, 브랜드 마케팅 매니저건, 사업가건 우리가 누구라도 상관없다.

스스로에게 이런 질문을 던져보자. '나 주식회사'의 지분을 사겠는가? 투자할 만한 가치가 있는가? 그렇지 않다면 뭔가 조치를 취해야 한다. 고객 서비스는 어떤가? 날마다 매시간마다 훌륭한 서비스를 제공할 다양한 기회가 주어지고 있다. 수화기를 들 때마다 마케팅 연습을 하는 셈이다.

고객과 직접 대면할 기회가 많지 않다고 생각할지도 모른다. 하지만 모든 사람들이 내적 또는 외적 고객이다. 예를 들어 우리가 미수금 회계 담당 직원이라고 해보자. 벨이 12회나 울리고 나서야 수화기를 든다든지, 자기소개도 하지 않고 무뚝뚝한 목소

리로 말한다든지 등등은 모두 ‘나 주식회사’가 안 좋다는 것을 반
영한다. 하지만 벨이 두 번 울리면 전화를 받고 상냥한 미소로 안
내를 하고 전화 거는 이의 이름을 불러주고 정중하고 상냥하게
응대한다면 ‘나 주식회사’는 훌륭한 고객 서비스의 표본을 실천
하는 셈이다.

기회란 무엇인가의 결과로 주어지는 것이다. 상사가 그런 우
리를 주목해 호봉 승급이나 승진 등을 시켜줄 가능성이 더 높아
진다. 다른 이들도 곧 우리의 훌륭한 서비스를 알아챌 것이다.
전화 건 상대방부터 이렇게 말할 것이다. “그곳에서 얼마나 받고
계시는지 모르겠지만 우리와 함께 일해야 될 분 같습니다.”

‘나 주식회사’가 투자 최상위 등급에 오르게 하려면 어떻게 해
야 하는지 알아야 한다. 자기계발을 위한 프로그램을 만들어내
야 한다. 1년에 6권씩 세일즈와 고객 서비스에 관한 책을 읽는다
든지, 영감을 주는 테이프를 듣는다든지, 자기계발 세미나에 참
석한다든지 어떤 일도 좋다.

일단 스스로를 사업체로 보게 되면 자신을 하나의 사업으로 운
영하기 시작할 것이다. 예산과 예상 현금 유출입, 투자전략 등이
모두 필요해진다. 목표와 사업계획과 마케팅 계획도 세워야 한
다. 자산도 축적하기 시작해야 한다.

우리의 순자산(net worth)은 우리의 네트워크

무슨 사업을 하든 가장 귀중한 자산은 우리의 관계망이다. 그

것 없이는 아무것도 없는 것이나 마찬가지다. 아직 판매할 게 아무것도 없을지라도 잠재적 고객을 대상으로 쓸모 있는 접촉 네트워크를 구축해가야 한다. 그들을 다른 누군가의 고객이라고 보지 마라. 미래의 우리 사업을 위해 구축할 수 있는 관계로 파악하라.

나는 부동산 업계에 입문한 뒤 고객 확보 전략을 세웠다. 내가 구축하는 관계가 가장 가치있는 자산이 될 거라는 걸 일찌감치 깨달았기 때문이다.

만나는 모든 이들과 관계를 유지하기 위해 개인적인 데이터베이스를 구축하는 일부터 시작해보자. 기상천외하거나 고도의 기술을 쏟아부을 필요도 없다. 때로는 인덱스 카드로도 충분하다. 날마다 숱한 사람들과 관계를 맺으며 자신의 순자산을 창출할 기회를 얻게 될 것이기 때문이다.

✛ 누군가에게 꼭 필요한 어떤 것 ✛

내 생각에 많은 사업가들이 저지르는 최대 실수 가운데 하나가 모든 사람들에게 필요한 모든 것이 돼주려 한다는 것이다. 그 의도는 지극히 훌륭하다. 가능한 많은 이들에게 질 좋은 서비스와 상품을 제공하겠다는 희망이니까. 하지만 문제는 많은 이들이 이상을 추구하다가 요점을 놓친다는 것이다. 그건 바로 그게 불가능한 희망이라는 점이다.

슬픈 얘기지만 그게 진실이다. 우리는 스스로 누구인지, 우리가 잘할 수 있는 분야는 어디인지, 또한 이에 가장 알맞는 고객을 어떻게 찾아내 연결해줄지 결정을 내려야 한다.

지구상의 한 사람 한 사람은 모두 완전히 독특하다. 하지만 같은 것을 즐기고 열망하고 같은 것에 이끌리는 그룹이 있다. 이를 일컬어 인구통계학적 분류 그룹이라고 한다. 가장 잘 알려진 분류들로는 닷컴 세대, X세대, 베이비붐 세대, 독신 전문직 여성, 여피, 딩크 등등이 있다.

이들 중 몇몇 부류와 동시에 거래하게 될 수는 있어도 경계를 가로질러 이들 모두의 마음을 사로잡을 만한 제품, 서비스 과정, 마케팅 모델, 그림이나 판매 팀 등을 만들어내는 것은 사실상 불가능하다. 어떤 부류의 사람들을 사로잡고 싶은지 결정해야 한다. 두 부류를 고른다면 어떤 이들인가?

나는 막 부동산 일을 시작했을 때 신혼부부들에 초점을 맞췄다. 나 역시 젊었고 첫 집을 몹시 갖고 싶어하던 때였기에 신혼부부들의 마음과 완전히 동화될 수 있었다. 여기에는 그런 이들을 위한 서비스를 제공하는 다른 중개인들이 없다는 점도 작용했다. 왜냐하면 이처럼 극단적인 시장에서는 중개사들을 충족시킬 만큼 충분한 커미션이 떨어지지 않았기 때문이다.

하지만 그 일은 내겐 딱 알맞았고 결과적으로 한 부류에 서비스를 집중시키는 것이 꽤 짭짤한 수입을 가져다준다는 것도 배우게 됐다.

분할해서 점령하라

이 분할 점령의 규칙에 예외가 되는 것이 각각 다른 기치 아래 여러 부류의 고객에게 서비스하는 조직이다. 일례로 도요타는 자동차 구매자들의 가슴속에 굳게 뿌리박혀 있는 중저가 자동차 제조업체라는 인식에도 불구하고 고급차 시장에 발을 들여놓고 싶어했다.

도요타는 고가 계열의 도요타 자동차 시리즈를 내놓아 기존의 핵심고객들을 혼동시키느니 렉서스라는 새로운 브랜드를 출범시키기로 했다. 이는 빼어난 성공을 가져왔다. 렉서스는 도요타가 100% 소유한 회사지만 모든 브랜드와 쇼룸과 세일즈 팀과 경영진은 완전히 분리돼 있다.

우리 회사도 같은 방법을 썼다. 우리는 20만 달러에서 200만 달러까지의 매물 그룹에서는 시장 선도자였지만 최상류층 고객을 대상으로 사업을 해보고 싶었다. 우리 브랜드를 상류층 시장에 서서히 어필하도록 하자니 하층에 있는 우리의 강력한 지지자들을 잃을 것 같았다. 그래서 우리는 맥그레이스 브랜드와 함께 키워나갈 또 다른 브랜드의 도입을 고려해보기로 했다. 그 브랜드는 우리가 지금까지 개발해온 기술, 인프라, 지적 자본 등을 공유하면서 300만 달러 이상의 부동산 판매만을 전담하는 별도 회사로 운영될 것이었다.

우리는 시장을 살피며 맨땅에서 새로운 브랜드로 시작하는 일이 얼마나 성공 가능성이 있을지 고려해보았다. 그 결과 부유한 이들의 시장에선 새로운 브랜드가 단기간에 자리 잡기는 어렵다는 느낌을 받게 됐다. 우리가 상대하는 이 시장은 성취수준이 높고 성숙된 국제적인 시장이었다. 또한 그 구성원들은 자신의 가장 귀중한 자산을 처분할 때 다소 위험 회피적인 성향을 띄었다.

선택가능한 모든 상황을 고려한 결과 우리는 미국 크리스티의 '그레이트 이스테이트'에 접근해보는 게 최선책이라는 결론을 내렸다. 이 그룹은 미술품 관련 회사인 크리스티의 관계사로 최상류층 시장에 가장 막대한 브랜드 파워를 가지고 있었다. 최고 엘리트와 상류층 고객만을 기반으로 하며 무엇보다 우리에게 중요했던 점으로 호주 지사가 없었다.

나는 크리스티 본사에 전화를 걸었다가 예상했던 대로 그들의 관심을 끄는 일이 녹록치 않다는 점을 확인했다. 크리스티의 사업은 북미에서 급성장하고 있었다. 유럽에서는 막 시작단계였다. 오스트레일리아는 분명 그들의 당면한 계획서에서 주요 부분이 아니었다.

하지만 끈기와 이성적 설득 끝에(물론 대부분은 끈기로) 우리는 결국 오스트레일리아에 크리스티의 깃발을 거는 데 성공했다.

문을 연 지 2년도 채 안 돼 크리스티는 큰 이윤이 남는 300만 달러 이상의 부자 부동산 매매 시장에서 선도자가 될 수 있었다.

우리의 핵심 브랜드로 최상류층 고객 사이에서 그런 결과를 이끌어낼 방법은 없었다. 혹시 그런 방향으로 사업을 몰아갔더라도 우리는 다른 곳에서의 판매 감소를 감수해야 했을 것이다.

✛ 마케팅은 모든 것 ✛

몇 해 전 내 가까운 친구이자 오스트레일리아 최고의 마케팅 전문가 중 한 사람으로 꼽히는 시몬 레이놀즈와 얘기를 하게 됐다. 나는 그의 두뇌를 빌릴 기회라 여겨 가장 훌륭한 마케팅의 형태에 대해 물어봤다. 마케팅이란 무얼 의미하는가? 마케팅은 특정 광고나 프로모션 형태인지, 아니면 표어나 상표 등과 관련된 것인가?

그의 답변은 간단했다. 마케팅은 우리의 모든 활동이라는 것이다. 고객에게 서비스하는 커피의 브랜드, 리셉션에서 연주하는 음악, 수화기를 들기까지 울리는 벨소리의 횟수 등이 모두 마케팅이라는 것이다.

많은 사람들이 마케팅이란 번지르르한 광고, 요령 있는 판매 담보, 인상적인 웹사이트 등이 전부라고 생각한다. 물론 이 모든 게 다 마케팅인 건 사실이지만 마케팅은 훨씬 더 넓은 범위를 커버한다. 대중과의 모든 상호작용과 스스로를 전세계에 소개할 수 있는 모든 방법이 포함되는 것이다.

나는 20세 때 미국에 월마트 왕국을 건립한 샘 월튼 이야기를 읽었다. 그는 "내가 구사한 가장 훌륭한 마케팅은 고객이 쇼핑한 상품꾸러미를 찾으러 올 때 상품 운반담당 직원으로 하여금 이를 고객의 차 뒷좌석에 정중하게 놓아주도록 한 것"이라고 말했다. 그의 철학은 나에게 막대한 영향을 미쳤다. 그가 고객에게 쏟는 정성과 1대1 마케팅 방법은 정말 감동을 자아냈다.

우리도 이런 방식으로 사업을 하고 있다. 우리는 사소한 행동 하나하나가 우리의 브랜드 가치, 고객관계, 시장점유율을 결정한다는 점을 잘 알고 있다.

1대1 마케팅이야말로 우리를 경쟁자와 차별화시킬 수 있는 강력한 방법이다. 어떤 분야의 시장에서든 숱한 브랜드들이 비슷한 마케팅 프로그램으로 비슷한 서비스를 제공하고 있다. 때문에 사소한 것들이 커다란 차이를 만들 수 있다.

부동산 산업의 예를 들어보자. 시장에는 비슷한 예산으로 거의 동일한 얘기를 하는 대형 프랜차이즈들이 수도 없이 많다. 고객의 입장에서 이들을 어떻게 차별화할까? 한 사무실에 걸어 들어갔을 때 미소로 자리를 안내하며 카푸치노 한 잔을 대접하는 서비스를 받아보기 전까지는 차별화할 수 없다. 신선한 꽃과 멋진 음악이 있는 공간에서 고객을 미소로 맞이하고 무엇을 요구하는지 잘 들어주는 것이 다 마케팅이다.

모든 기업에 핵심적인 마케팅 기법은 기업 내서 행해지는 하나하나를 주의 깊게 지켜보다 보면 답이 나오게 된다. 우리의 모든 서류, 양식, 직원과 부동산에 대한 프리젠테이션, 전화 예절, 고객과 관계를 맺는 법 등. 아주 사소한 것 하나까지 지켜보고 난 뒤 고객의 욕구를 더 잘 충족시켜주는 방향으로 개선될 여지가 없는지 자문해보라.

때로 우리는 매너리즘에 빠져 개선할 수 있는 작은 일들을 놓치곤 한다. 따라서 모든 것을 새로운 눈으로 지켜보고 냉혹하리

만큼 정직한 사람을 곁에 두고 조언을 들어야 한다. 프론트에 놓인 실크로 된 꽃장식에 앉은 먼지를 지난 10여 년간 지나쳐가며 보아온 나머지 우리 스스로는 깨닫지 못할 때라도 다른 사람은 알 수 있기 때문이다.

고객들 가운데 표본 그룹을 꾸려보는 것도 좋다. 그들에게 우리와 거래하기가 어떤지 물어보는 것이다. 좋아하는 것과 안 좋아하는 것은 무엇인가? 조직의 장으로서 고객 피드백을 듣는 게 때론 뼈아플 수도 있다. 올바른 고객을 선택했다면—완전히 정직할 수 있는 고객이라면 1시간 이상 고객 앞에 앉아 얼마나 잘못된 일을 많이 했는지 속 쓰린 소릴 들어야 할 것이기 때문이다.

하지만 그런 문제들을 개선해 사업을 성장시키고 싶어한다면 그런 고통쯤은 감수할 가치가 있다. 고객의 고충 토로 역시 아주 가치 있는 피드백의 하나다. 지레 겁을 먹기보다는 고충을 더 나은 고객 경험을 위한 또 하나의 값진 정보원으로 여겨야 한다.

나는 하루 24시간 내내 우리 사업에 벤치마킹할 수 있는 훌륭한 고객 경험이나 마케팅 아이디어를 찾아 레이더를 세워두고 있다.

나는 리츠 칼튼 호텔에 들어설 때 생각한다. "왜 이렇게 멋진 느낌일까?" 주위를 둘러보면 누군가 놋쇠로 된 명판을 반들반들 닦아놓고 있다. "아, 저게 기분 좋게 느껴졌구나. 명판을 닦는 사람을 두다니. 스스로에 대한 프라이드가 대단한 걸." 나는 곧 저걸 어떻게 우리 사업에 도입할 수 있을지 생각해본다. 그리곤 또 모든 직원들이 말끔한 유니폼 차림으로 미소를 짓고 있다는 것을 알아챈다. 그럼 또다시 우리 직원들의 태도를 생각하기 시작한다.

멋진 마케팅을 창출하기 위해서 꼭 엄청나게 창조적인 마케팅 담당자가 돼야 할 필요는 없다. 나는 우리 회사가 특히 혁신적이었다고 생각지는 않는다. 실상 나는 전혀 창조적인 사람이 아니다. 하지만 여러 고객을 두루 경험해보는 과정에서 무엇이 고객을 특별하게 만드는지 등을 깨우칠 수는 있다. 다종다양한 시장과 산업에서 목격한 훌륭한 아이디어를 우리 회사에 접목하기도 한다.

아이디어를 짜내는 것은 문제도 아니다. 1시간만 인터넷 앞에 앉아 있어보면 멋진 마케팅 아이디어를 100가지라도 얻어낼 수 있다. 중요한 것은 실천에 옮기는 일이다. 일단 아이디어를 취했으면 그것을 실행해야 한다.

+ 불만에서 얻어낸 혁신 : 「스페이스」 잡지 +

1985년 한 공개 홈 인스펙션(자신의 집을 공개해 부동산 에이전트에게 적절한 가격을 책정하게 하는 행사. 호주 부동산 거래의 한 방식—옮긴이)에 참석했던 내게 (다른 많은 고객들이 그랬듯) 한 고객이 다가와 말했다. "존, 고맙지만 이 부동산은 나하곤 맞지 않네. 다른 매물은 없나?" 내 반응은 이랬다. 우리 회사 목록에 올라 있는 부동산 가운데 그에게 적합할 매물이 뭐 없을까 생각하다가 업무용 명함 뒤편에 주소 하나를 쓴다. 그리고 그에게 건네주곤 "이 집 한번 둘러보실래요? 이미 오픈 하우스가 끝났을 수도 있지만······"하고 말한다.

나는 이 방법이 고객을 대하는 가장 프로다운 접근이 아니라는 생각에 한동안 스트레스를 받았다. 그래서 앞으로는 홈 인스펙션 때마다 우리 회사에 등록돼 있는 모든 매물의 브로셔를 가져가리라 마음먹었다. 브로셔를 긁어 모아봤다. 그저 사진복사물에 불과했지만 꼭 필요한 정보와 평면도 등이 다 나와 있었고 그런대로 좋아 보였다. 그때부터는 누군가 또 다른 매물이 없느냐고 하면 브로셔 가운데 3~4장을 건네주게 됐다.

이 아이디어는 진화하기 시작했다. 해당 주택을 구매할 의사가 없는 이에게 브로셔 20여 장을 스테플러로 찍어 한데 묶은 것을 건네주면 어떨까 생각하게 됐다. 잇달아 표지도 씌우고 구매자가 원하는 정보를 곁들이면 어떨까 하는 데까지 생각이 뻗어갔다.

이래서 나는 각종 정보들을 모으게 됐고 이게 현재 호주의 최고급 부동산 잡지가 된 「스페이스」지의 시작이 됐다. 내가 제공하는 서비스 수준에 대한 약간의 불만에서 시작된 것이 서서히 멋들어진 마케팅 도구로 변모한 것이다.

나는 지금까지도 아이디어를 계속 수정 중이다. 「스페이스」는 아직 끝나지 않았다. 나는 이 잡지가 자기 수명의 20% 정도밖에 와 있지 않다고 생각한다. 매주 이 잡지를 볼 때마다 자문해본다. "어떻게 하면 더 잘 만들 수 있을까? 칭찬하지 않을 수 없는 이야기들인가? 여기에 어떤 광고를 넣어야 고객에게 보다 적절한 것이 될까?

분기마다 우리는 고객을 모시고 우리가 진행 중인 몇몇 시도들에 대해 그들의 피드백을 듣는다. "이걸 하려고 하는데 어떻게 생각하십니까?" 그들은 "끔찍한 아이디어예요, 하지 마세요."하거나 "훌륭한 생각이네요."라고 말하고 나선 분명히 그 얘기를 퍼뜨릴 것이다. 윈-윈 상황이 되는 셈이다. 우리는 막대한 피드백을 얻을 뿐만 아니라 우리 사업에 대한 작은 선교사를 갖게 된다. 고객은 고객대로 우리의 비전을 나눠갖고 기분 좋아진다. 우리가 그들의 의견을 가치있게 여기고 있고 그들은 우리의 성공에 참여할 기회를 얻게 됐기 때문이다.

＋ 브랜드 관리－명성을 얻기 위한 기반 ＋

브랜드는 '마케팅이 모든 것'이라는 태도와 회사의 가치 및 목적이 결합돼 만들어진다. 브랜드는 조직의 개성 같은 것이다. 스스로를 시장에 소개하는 법이자 시장과 상호작용하는 도구다.

훌륭한 브랜드는 즉시 소비자의 마음속에 특정한 가치나 감정 등을 떠오르게 한다. '애플'이라고 말하면 혁신이 생각난다. 'IBM'이라 하면 신뢰를 느낄 것이고 '리츠 칼튼'이란 말에선 품격 높은 서비스를 연상하게 될 것이다.

브랜드란 기업이 명성을 얻기 위해 다져져야 하는 기반이다. 상품과 서비스가 거래되고 광고가 개발되며 판매담보가 창출되고 기업 이미지가 계획되고 사무실이 치장되는 기반이다.

직원도 이를 기반으로 채용한다. 채용 광고에 맥그레이스 로고를 붙이면 외부 채용기관에 의뢰했을 때보다 반응이 더 좋다. 사람들이 우리 브랜드에 그만큼 익숙해졌기 때문이다. 우리가 표방하는 가치가 어떤 것인지 잘 알고 그 일부가 되고 싶어하는 것이다.

사업 초기단계에서부터 브랜드 문제를 다루기 시작해 정기적으로 꾸준히 점검해나가야 한다. 우리 브랜드가 무엇을 상징하길 바라는가 자문해보라. 나는 회의에서 브랜드 얘기를 할 때, 브랜드에 대해 생각할 때, 마케팅 팀과 이를 진화시키려고 논의할 때 등 내 시간의 25% 정도를 브랜드에 쏟고 있다. 우리 경영진들은 지속적으로 브랜드에 대해 토론하고 있다. 우리 브랜드 이미지는 여전한가? 변화하고 있는가? 지금은 어떤 상태이며 앞으로 어떠해야 하나?

나는 연설을 할 때도 '맥그레이스'라는 브랜드로 나타내고 싶은 게 뭔지 명료하게 알고 한다. 사무실을 재배치할 때마다 우리는 브랜드가 나타내는 가치를 고려해 적용한다. 혁신인가, 신뢰인가, 개방인가.

우리는 '맥그레이스'란 브랜드를 그렇게 오랜 시간에 걸쳐 공들여 만들어왔다. 우리가 PR하고 광고한 그대로 고객이 느낄 수 있도록 최선의 서비스를 제공하는 과정에서, 광고로 보이는 것과 느끼는 것을 일치시키는 작업을 통해, 언론의 코멘트와 우리가 개최한 여러 강연과 세미나를 통해, 그리고 무엇보다 고객중심이 돼

열렬한 팬층을 창출함으로써 우리 브랜드를 개발해올 수 있었다. 우리 브랜드의 본질은 우리가 한 모든 일들의 총화인 셈이다.

우리가 하는 하나하나의 일이 모두 브랜드 통합효과를 유지하는 데 결정적인 것들이다. 「스페이스」지를 펴내고 멋진 사무실을 갖추고 근사한 웹사이트를 운영할 수 있다. 하지만 홈 인스펙션이 있을 때 우리 중개인이 1분 늦게 나타나서 고객에게 전혀 도움도 안 되고 조직화도 안 돼 있고 몰두하지도 않고 고객의 이름도 모른다면 우리 브랜드는 곧장 창문 밖으로 내팽개쳐질 것이다.

그러니 일관성이 절대적으로 중요하다. 만약 내가 세미나를 열게 된다면 분명 멋진 세미나가 될 것이다. 그리하여 우리 팀원들이 "값싼 인스턴트 커피를 서빙합시다."라고 말하면 나는 "안 돼, 최고의 커피를 가져다놓고 바리스타(즉석 커피를 만들어주는 사람—옮긴이)도 데려다 놔야 해. 그래야 알맞아."라고 말할 것이다. 그러기 위해서는 200달러가 더 든다고 팀원들이 말한다면 나는 브랜드 구축에 쓰는 돈이라면 그 정도는 싼 편이라고 응수할 것이다.

확고한 브랜드를 구축해놓는 것은 새로운 사업을 시작하려고 할 때도 기반이 된다. 언젠가 게리 하비(오스트레일리아 기업가—옮긴이)가 소소한 전자용품들을 판매하는 부티크 샵 체인을 열려고 한다는 얘기를 들은 적이 있다. 나는 그의 '하비 노만'(오스트레일리아의 전자제품 전문매장—옮긴이)이 다른 많은 전기기구 상점과 똑같은 물건을 팔겠지만 워낙 브랜드 구축을 잘 해놨기에 훨씬 뛰어난 실적을 올릴 거라고 생각했다.

새로운 사업에 뛰어들 때 이미 구축해둔 브랜드 인지도, 고객 친밀도, 신뢰가 있다면 막대한 레버리지 효과를 누릴 수 있다. 결과적으로 새로운 브랜드로 시장에 뛰어드는 사람들보다 훨씬 성공의 기회가 높아지게 되는 셈이다.

3가지 손익계산서

요즘의 비즈니스 세계에선 멋진 기류변화가 나타나고 있다. CEO, 이사회, 주주, 종업원 할 것 없이 기업 세계에는 돈을 버는 것보다 더 큰 목적이 있다는 것을 알아차리기 시작했다. 사람들은 이렇게 말한다. "저 회사는 훌륭해. 엄청난 이윤을 남겨서가 아니라 인재를 키우기 때문이야. 지역사회에 공헌하고 환경을 중시하기 때문이기도 하고 훌륭한 '기업 시민(corporate citizen)'인 셈이지."
지역사회도 요즘 이런 쟁점들을 아주 잘 알고 있기 때문에 기업에 책임 있는 시민의식을 요구한다. 양심 없이 이윤만을 추구하는 기업은 공룡이 되고 말 거라고 생각한다. 우리 회사는 이사회에 그해의 손익만이 아니라 지역사회 공헌 정도와 환경 보호에 쏟은 노력 등을 함께 보고한다.
기업가들이 매출, 마케팅, 순익뿐만 아니라 사회기여도를 함께 고려하기 시작했으면 한다. 올해 말 기여 대차대조표는 어떻게 나타날까? 꼭 금전적인 기여만을 말하는 게 아니다. 경영 부문의 멘토로 또는 연설자로 서비스할 수도 있고, 학교 모금 축제에 후원할 수도 있고, 1년에 5명의 아이들에게 리더십에 대한 강의를 할 수도 있다. 또는 가능한 한 많은 재활용품 사용을 결의할 수도 있다.

✛ 서비스가 거의 유일한 차별도구다 ✛

가장 마지막으로 세계 수준의 고객 서비스를 경험해본 때가 언제인가?

대답하기 난처해서 머리를 긁적일 것이다. 기억을 쥐어짜지 않고 답변할 사람은 몇 안 될 것이다. 우리는 날마다 포탄 퍼붓듯 무수한 서비스 세례를 받지만 기억에 남아 있는 것은 극히 일부밖에 되지 않는다.

제조과정이 개선되고 품질관리가 도입되면서 동급의 제품 사이에 질적 차이란 거의 없어졌다. 요즘 '홀든 코모도어'와 '포드 팔콘'(각각 오스트레일리아 승용차 – 옮긴이)은 크게 다를 게 없다. 때문에 마케팅 담당자들은 날이 갈수록 차별화를 위해 서비스에 의존하고 있다.

서비스 산업에서는 서비스야말로 그들의 생산품이니만큼 경쟁자를 앞서나가기 위해 기업들은 자기 일의 수준을 끌어올려야 한다. 고객 서비스 수준이 전반적으로 향상됐고 고객의 기대수준도 따라서 높아졌다. 사람들의 감식안이 훨씬 높아져 기업들에 대해 좋은 서비스를 기대하게 됐다.

나는 종종 우리 팀원들에게 "우리는 조만간 LJ 후커(오스트레일리아의 부동산 프랜차이즈 업체 – 옮긴이)가 아니라 리츠 칼튼과 비교당하게 될 것이다."라고 말한다. 요점은 사람들이 점점 더 많은 업체들에게서 훌륭한 서비스를 경험하고 있다는 것이다. 이런 경험은 전반적으로 서비스에 대한 고객 기대 수준을 높여준다. 고객이 리츠 칼튼에서 끝내주는 서비스를 받았다면 다른 산업분야에서도 그걸 기준으로 업체를 평가하려 들 것이다.

때문에 좋은 서비스는 이제 모든 사업으로 진입하는 길목이 됐다. 진입 기준은 고객의 기대수준을 맞춰주는 것이다. 그걸 할 수 없다면 그 기업은 과거의 유물이 되고 말 것이다. 반면 정말 번창하고 싶다면 훨씬 더 잘해야 한다. 세계적 수준의 고객 서비스를 제공해야 하는 것이다.

사랑이 없다면 그냥 커피

서비스가 궁극적인 차별화 요인이다. 훌륭한 재화와 용역은 물론 중요하지만 오늘날 그것만으로 충분하다고 스스로를 속여선 안 된다. 빠르게 발전하는 글로벌 시장에서 기업의 주 제품과 서비스가 무엇이든 경쟁자가 노력만 한다면 그만큼 또는 그보다 더 잘 만들 수 있다. 큰 차이가 나는 것은 이를 어떻게 서비스하느냐이다.
미국에는 카페 에스프레소라는 커피 체인점이 있다. 어느 날 연차 총회에서 그 CEO인 제프 테일러는 회사가 진짜 해야 할 일에 대해 이런 말을 한 적이 있다. "날마다 수천 명의 사람들이 커피 콩 간 것과 뜨거운 물로 커피를 만들어 차이나 컵에 담고 테이블이나 카운터 테이블에 내려놓곤 2달러50센트씩을 받는다. 그들과 우리의 차이점은 뭘까. 카페 에스프레소는 모든 일을 사랑으로 한다는 점이다. 사랑 없이는 그냥 커피일 뿐이다."
그냥 커피 한 잔을 서빙 받는 것과 사랑이 담긴 커피 한 잔을 서빙

고객의 기대수준을 훌쩍 뛰어넘어라

세계적 수준의 고객 서비스는 고객의 기대수준을 훌쩍 뛰어넘는 것이다. 우리는 이를 '경이적인 서비스(service wows)'라 부른다. 기대 밖의 너무 멋진 서비스라 디너 파티 대화의 화제가 되곤 한다. 몇 가지 예가 있다.

고객이 내가 판 집으로 이사 오면 하는 일 가운데 하나가 하루 동안 '목수 서비스'를 해주는 것이다. 이사온 지 며칠 뒤 나는 "선물로 하루 동안 목수를 고용해드리겠다."라고 쓴 쪽지를 보낸다. 그림을 거는 일, 샤워 커튼을 치는 일, 끈적이는 경첩에 기름 칠하기 등 목수가 해줄 일의 종류와 함께 전화번호를 적어 편리한 시간에 부를 수 있도록 해준다.

나는 피자집과도 거래를 해두었다. "매주 한두 명씩 이 지역에 새로 온 고객을 소개해주면 그들에게 무료 피자를 배달해줄 수 있습니까?" 피자집에서 내게 무료 피자 쿠폰을 주면 나는 우리가 판 집으로 이사 온 고객에게 이런 쪽지와 함께 건네준다. "패딩턴에 오신 것을 환영합니다. 피자 무료쿠폰을 보내드립니다. 이사하시느라 지쳤을 테고 프라이팬이나 냄비도 아직 풀지 않으셨을 테니 전화로 피자를 시켜 드세요. 비용은 우리가 댑니다."

이런 서비스들을 제공할 때 내 동기는 다분히 이기적인 것이었다. 나는 고객뿐만 아니라 스스로를 위해서 이런 일들을 했다. 고객의 반응을 보며 좋아했고 멋진 일을 했다는 생각에 따라오는 뿌듯한 감정을 즐겼다.

남들 하는 만큼의 서비스만 제공하는 것은 고객을 실망시키는 것일 뿐 아니라 스스로를 속이는 일이다.

찰리 트로터스 – '경이적(WOW!)' 요소

나는 정기적으로 미국에 가서 부동산 중개의 최고 업자들을 만나 아이디어를 듣고 온다. 한번은 시카고에서 만나고 있었는데 모임의 주선자이자 내 친구 겸 멘토인 밥 볼른이 깜짝 놀랄 일이 준비돼 있다고 발표했다. 저녁식사 시간에 '찰리 트로터스'로 우리 모두를 데려간다는 것이었다.

내 미국인 친구는 몇 달째 찰리 트로터스에 대해 떠들어대던 참이었다. 그곳은 세계적 음식비평 잡지로부터의 수상 경력과 함께 열정적인 평론이 이뤄지고 있는 전세계 최고 레스토랑 가운데 하나다. 어찌나 유명한지 주말에 자리를 잡으려면 3달 전에 예약해야 한다. 명성에 걸맞게 그곳의 음식과 서비스는 수준급이었다. 내가 먹어본 최고의 음식이었다.

더욱 나를 감동시킨 건 그들의 비즈니스 공식이었다. 찰리 트로터는 요리 천재였을 뿐 아니라 몇 가지 혁신적인 운영절차를 도입하고 있었다. 그는 어마어마하게 큰 성공한 식당을 만들어내기 위해 창조적인 능력과 운영능력을 결합시켰다.

식당 사업은 실패율도 높고 까다롭기로 악명 높다. 몇 가지 통제하기 힘든 변수가 있다. 이번 주 예약 손님은 얼마나 될까? 그냥 들르는 손님은 몇 명일까? 다들 언제 식사를 하고 싶어할까? 음식은 얼마나 주문해야 할까? 음식이건 노동력이건 낭비하면 곧 절뚝이기 시작한다.

그래서 트로터는 쟁점을 명료하게 밝혀놓고 그런 분야들을 더 잘 통제하기 위해 공식을 창출했다. 레스토랑에 올 때는 예약을 하게 했고 저녁식사 시간은 6시와 9시 2차례로 정했다. 전채 요리 대신 3가지 세트메뉴를 마련했으며 세트 가격으로 제공되는 메뉴는 예약할 때 뭘로 할 건지 정할 수 있게 했다.

그 결과 트로터는 매일 시장에 갈 때마다 오늘밤 손님이 몇 명이나 올 것인지, 그들이 뭘 먹고 얼마나 낼 것인지 등을 정확히 알 수 있었다. 그는 변덕스러운 상황에 내맡겨두지 않고 스스로를 통제해나간 것이다.

하지만 진짜 천재성을 느낀 사건은 그 다음날 일어났다. 밥 볼튼이 이 식당의 지배인에게 전화를 받은 것이다. 그때 나는 밥의 차에 함께 타고 있었고 밥은 스피커폰으로 얘기했다. 지배인은 "어젯밤 드신 음식이 고객을 만족시켜 드렸는지, 기대치를 충족시켰는지 알고 싶어 전화했습니다."라고 말했다. "손님들도 좋아하셨습니까? 또 오실 일이 있으시면 전화를 주십시오."

나는 기절초풍할 지경이었다. 레스토랑에서 전화를 해 음식맛

이 어땠는지 물어본 적이 몇 번이나 있었는가? 보나마나 한 번도 경험해보지 않은 이들이 대부분일 것이다. 그 전화가 경이적 요소를 또 하나 보탰다. 이는 내 기대치를 훌쩍 뛰어넘는 일이었다. 나는 이 레스토랑의 광팬이 됐다. 세미나를 할 때마다 이 얘기를 하며 찰리 트로터스 칭찬을 문자 그대로 수만 명의 사람들에게 늘어놓았다.

이제 자문해보라. 고객을 광적인 팬으로 돌변시킬 나만의 '찰리 트로터 전화'는 무엇일까를.

＋ 진심의 순간 ＋

우리의 가장 귀중한 자산은 만족한 고객이다. 고객과 상호작용할 때마다 이 자산가치를 높일 기회가 주어진다. 따라서 고객과의 접점을 찾는 일에 초점을 맞추는 게 정말 중요하다. 얀 칼슨은 이를 '진심의 순간'이라고 지칭하며 같은 제목의 책까지 냈다. 칼슨은 1980년대 스칸디나비아 항공(SAS) 사장이었다. 그가 취임했을 때 회사는 파산 직전이었고 하루 빨리 상황을 개선시켜야 했다.

그의 계산에 따르면 1년 동안 SAS의 천만 고객이 대략 5명의 직원과 접촉하고 있었다. 따라서 고객에게 SAS가 최고의 항공사라는 점을 증명할 오천만 번의 기회가 생기는 셈이었다. 칼슨은 이때 그 '진심의 순간'이 궁극적으로 SAS라는 기업의 성패를 가를 것이라는 점을 굳게 믿었다.

따라서 그는 '진심의 순간'에 매번 고객이 즐거워할 수 있도록 일련의 서비스 기준을 가동했다. 체크인 담당 승무원은 고객의 눈을 보며 이렇게 말하도록 됐다. "제임스 씨 환영합니다. SAS를 이용해주셔서 감사합니다." 승무원은 고객의 짐을 소중히 콘베이어 벨트에 올린 뒤 이렇게 말한다. "즐거운 비행이 되시기 바랍니다."

SAS의 '진심의 순간'은 "이 고객을 빨리 이동시키자"에서 "15초간 고객을 즐겁게 만들자"로 바뀌었다. 엄청난 긍정적 효과가 생겨났다. SAS는 높은 순익을 올리게 됐고 올해의 항공사로 선정되기도 했다.

목표한 서비스 수준이 달성했는지 모니터하라

일단 '진심의 순간'이 언제인가를 깨닫고 '서비스 기준'을 정했다면 다음 단계는 제대로 실행되는지 확인하기 위한 모니터 절차를 도입하는 것이다.

요즘 우리는 거래를 마치고 난 뒤 몇 분 안에 모든 고객에게 e메일 조사자료를 보내주고 있다. 9시에 부동산 중개를 성사시켰다면 우리 이메일이 몇 분 만에 자동적으로 고객의 이메일 수신함에 도착하게 돼 있다.

우리는 그들의 서비스 경험과 관련해 고객에게 10가지 질문을 했다. 고객은 각각의 질문에 대해 1점부터 10점까지 점수를 매긴다. 1분 정도면 끝마칠 수 있다. 이처럼 고객의 경험이란 우리에게 너무 중요한 부분이기에 날마다 피드백을 받아야 한다.

때론 잘 모르는 매수 희망자가 홈 인스펙션에 나타나 우리 사무실에 전화를 하거나 개인적으로 사무실을 방문할 때도 있다. 그들은 어떤 경험을 했는지, 어떤 느낌을 받았는지, 보살핌을 잘 받았는지, 우리 직원들이 신경 써주고 얘기를 차곡차곡 따라 들어주고 이름을 기억해주었는지 우리에게 보고해준다. 한 방에 6~8명가량의 고객을 모아 표본조사 그룹도 운영한다. 그들에게 "여기 모인 분들은 모두 지난 달 집을 사셨습니다. 솔직하게 어땠는지 말씀해주세요. 정말 좋았는지, 우리가 잘못한 점은 무엇인지, 구매 과정에서 우리보다 더 잘하는 다른 중개인들과도 접촉해보았는지 모두 말씀해주세요."라며 피드백을 구한다.

✛ 입소문─한 번에 한 고객과 거래하기 ✛

어떻게 훌륭한 사업을 벌일까? 한 번에 한 고객씩. 어떻게 고객을 창출할까? 한 번에 한 가지 경험씩. 누가 사무실 문을 밀고 들어오든 할 수 있는 한 최선의 서비스를 제공해야 한다는 걸 명심하자. 돌아갈 때 우리와의 거래에 기분 좋아진 그들은 다음번에도 다시 돌아온다. 또한 고객은 자기 친구들에게도 말해줄 것이고 우리의 사업은 갈수록 성장에 성장을 거듭할 것이다.

인터넷과 이동통신 등을 통한 커뮤니케이션이 늘어나면서 그 어느 때보다 우리 사업을 마케팅할 방법이 많아졌다. 하지만 아직도 가장 강력한 마케팅 수단은 입소문이다. 의심의 여지가 없는 사실이다. 소니가 올해만 마케팅에 수십만 달러를 쏟아부으리라는 점 등은 신경 쓰지 말라. 사업을 번창하게 만드는 가장 좋은 길은 다른 사람의 소개로 찾아온 고객이다.

때때로 우리 중개인들에게 물어본다. "집을 사러 온 사람이 있어서 몇 가지를 체크하고 난 뒤 프리젠테이션까지 마쳤다. 이제 기대하는 결과는?" 십중팔구는 "집을 파는 것"이라고 말한다. 부동산 업계에 있는 사람이라면 대부분 그렇게 대답할 것이다.

내가 더욱 바라는 결과는 50채의 집을 파는 것이다. 고객이 우리와 함께 주택을 거래한 경험을 멋진 것으로 느껴 가족, 친구, 동료들에게 말해주기를 바란다. 나는 비단 우리 고객만이 선택한 중개인이 아닌, 고객의 추천으로 인해 집을 팔려는 이들 모두가 선택한 중개인이고 싶다. 나는 우리 고객의 영향권 내 있는 이들 모두와 거래하고 싶다.

고객을 오직 하나만 팔아주는 이라고 생각할 때와 50채를 팔아줄 잠재력을 갖춘 이라고 여길 때 그 대면 방식에는 엄청난 차이가 있다는 걸 누구나 인정할 것이다. 우리는 자연스레 좀더 고도의 주의력과 고객 서비스를 통해 이번에는 꼭 판매하겠다는 열망을 갖고 고객을 대할 것이다.

나는 스스로에게 "고객이 평생 동안 타인과 상호교류할 기회가 얼마나 될까?" 질문한다. 바로 이점에 초점을 맞춰 모든 고객을 단지 한번 팔고 말 대상이 아니라 평생 기회를 가진 상대로 대우하라.

누군가 의상실로 걸어들어왔다. 우리는 그들을 이렇게 바라볼 수 있다. "아마 사려고 들어온 손님은 아닐 거야. 사더라도 1벌 정도 사겠지." 또 이렇게 바라볼 수도 있다. "이 손님이 내게 150여 명의 다른 손님을 소개시켜줄 수도 있어."

후자라면 우리는 그들을 자상하게 안내하며 맛있는 카푸치노를 대접하고는 멋진 서비스와 조언을 해줄 것이다. 고객에게 맞지 않는 것을 무리해서 팔려 하지 마라. 그들이 좋아할 듯한 신상품 샘플을 챙겨들고 내일 고객 사무실에 들를 수도 있는 문제다. '평생 고객'이라는 마음가짐만 있다면 사업을 번창시키기란 쉬운 일이다.

한번 거래하고 말 고객을 만나는 일이란 거의 없어야 한다. 제대로만 한다면 그들은 조만간 50건 100건씩 거래하는 고객이 될 것이다.

열광하는 팬층을 만들어내라

쉽게 말해보자. 고객이란 우리와 거래하는 사람이다. 살아남으려면 모든 사업에는 고객이 필요하다. 하지만 진짜 성공을 원한다면 고객 이상의 것이 있어야 한다. 열광적인 팬들이다. 광팬이란 우리와 거래할 때 너무너무 좋은 경험을 해서 그 얘기를 다른 사람들에게 하고 싶어 입이 근질거리는 사람들이다.

어떻게 해야 고객을 광팬으로 만들 수 있을까? 간단하다. 그들의 기대 이상을 충족시켜 주면 된다. 늘 자문해야 한다. "어떻게 해야 고객 경험의 질을 향상시킬 수 있는가? 고객이 특별하다고 느끼게 할 수 있나?" 우리가 사업하는 이유가 우리 사무실 문을 밀고 들어오는 고객에게 서비스하기 위해서라는 점을 항상 잊지 마라.

+ 불만족 고객 대처법 +

최선을 다했음에도 불구하고 때론 고객을 속상하게 할 수 있다. 불만족한 고객을 어쩔 수 없는 현실로 받아들여야 한다. 많은 사업가들이 이런 상황을 두려워해 피하려고만 한다. 당장 기업에 해가 될 수도 있는 문제를 피하려고만 드는 것이다.

불만족한 고객은 위협이자 기회이기도 하다. 위협요소는 그들이 돌아다니며 온갖 곳에다 우리를 헐뜯고 다녀 그간 우리의 세계를 쌓아올리기 위해 쏟았던 모든 노력을 손상시킬 것이란 점이다. 기회는 고객의 고충을 처리해나감으로써 즉시 그리고 효과적으로 고객과 보다 강력한 관계를 맺을 수 있고 심지어 그들을 광팬으로 돌변시킬 수도 있다는 점이다. 사실 불만족한 고객을 광팬으로 변화시키기는 훨씬 쉬운 일이다.

불만투성이에서 열광적 팬으로

미국의 한 소프트웨어 개발업체가 자기네 회사 최신 제품에 고의로 사소한 버그를 심어놓는 연구를 한 적이 있다. 이들은 몇몇 소수 고객에겐 버그가 걸린 그 소프트웨어를 보내고 나머지 고객에겐 제대로 작동하는 버전을 보냈다.

얼마 후 그들은 고객 서비스 조사를 했다. 멀쩡한 소프트웨어를 받은 고객들은 물론 그들이 받은 서비스에 기뻐했다. 그런데 잘못된 소프트웨어를 받은 고객들은 그들의 서비스에 대해 훨씬 더 긍정적인 반응을 내놓았다. "끝내주네요. 처음에 약간 장애가 있었지만 애프터 서비스가 기가 막혀요. 회사에서 금방 나와서 문제를 수정해줬어요. 친절하고 대하기 좋은 분들이었어요."

그러니 고객이 고충이나 문제를 털어놓을 때 이를 피하지 말고 오히려 광팬으로 만들 기회로 활용하라. 고객의 문제를 잘 해결해줄 때, 처음부터 아무 문제도 없었던 경우보다 고객과 끈끈한 관계를 구축할 가능성이 더 커지기 때문이다.

고충은 재빨리 처리하라

고객이 고충을 털어놓을 때는 재빨리 처리하는 게 유리하다. 문제가 해결되지 않은 채 시간이 흐를수록 고객의 분노와 불만이 커질 것이다. 그렇게 되면 고객이 친구나 동료에게 자신의 불만을 털어놓기 시작할 확률도 높아진다. 따라서 즉각 문제와 대면해야 한다.

안 좋은 감정 중화시키기

때로 최선을 다해도 고객을 걱정시키거나 광팬으로 돌려놓지 못하는 경우가 생긴다. 그런 경우라도 안 좋은 감정을 중화시킬 수는 있다. 때때로 고객 중의 1명이 부동산을 놓고 구매여부를 타진하고 있을 때 다른 고객이 난데없이 나타나 테이블에 고액권 수표 한 장을 더 놓고 물건을 사가버리는 일이 생긴다. 이럴 때 때때로 구매에 실패한 고객이 나를 비난한다.

항상 그들의 마음을 돌려 우리를 사랑하게 할 수는 없다. 하지만 그들의 감정에서 분노를 제거할 수는 있다. 그들의 불만을 들어주고 그들의 감정을 이해하려 노력해주면 된다. 우리는 사과의 표시로 알아서 허울 좋은 선물을 들려주지 않는다. 대신 그들의 문제를 진지하게 듣고 겸손하게 사과한다.

✛ 고객의 고충을 처리하는 8단계 ✛

고객의 고충처리는 몹시 중요한 문제다. 그래서 나는 8단계의 고충처리 과정을 고안해냈다. 나는 8단계를 코팅된 카드에 적어두었고 우리 팀원 모두가 자신의 책상 위에 똑같은 것을 하나씩 두고 있다. 다음과 같다.

1. 모든 주의를 기울여라

다른 것을 모두 멈추고 모든 주의를 고객에게 기울여라. 전화로 "문제가 무엇입니까?" 물으며 동시에 이메일을 쓰는 짓일랑 하지 말라. 고객이 자판 두드리는 배경음을 들을 수도 있으니.

2. 인내심을 가지고 부드럽게 대하라

고충을 토로하는 이들은 감정적으로 격앙돼 있다는 것을 기억해야 한다. 그들은 화나고 속상할 것이다. 그들을 더 자극하지 않으려면 침착해야 하고 그들이 원하는 만큼의 시간을 내주어야 한다.

3. 중간에 끼어들지 말고 들어라

고충을 토로하는 이는 다른 무엇보다도 그걸 속 시원히 털어놓고 싶은 것이다. 누군가 들어줬으면 하는 것이다. 그러니까 고객이 모든 이야기를 할 수 있도록 들어줘라.

4. "어떤 기분인지 이해합니다"

고객은 우리가 그들의 감정을 이해해주기를 바란다. 우리가 변명을 하거나 우리 입장을 변호하는 것을 듣고 싶은 게 아니다. 자기들에게 공감해주고 "어떤 기분인지 충분히 이해합니다. 제가 손님 입장이었어도 기분 상했을 겁니다."라고 말해주길 바라는 것이다.

5. 모든 정보를 챙겨라

고충을 처리하기 위해서는 모든 사정을 알아야 한다. 누가, 무엇이, 어떤 장소가, 언제, 왜 문제인지 적어두라.

6. 사과한 뒤엔 감사를 표하라

단지 기분 나쁘게 해드려서 죄송하다고만 할 것이 아니라 이런 문제를 끌어내 알게 해주셔서 감사하다고 하라. "스테판, 정말 미안합니다. 이 문제에 제가 주의를 기울이게 해주셔서 감사합니다. 뭐가 잘못 돌아가는지 아는 건 우리에게 대단히 중요하거든요. 그래야 서비스를 개선할 수 있으니까요."

7. 기꺼이 책임을 져라

문제에 대해 모든 책임을 지고 고객에게 이를 알려라. 비록 고충을 처리할 때는 직원을 보내더라도 고객에게 처리된 상황을 보고할 때는 직접 해야 한다.

8. 다음 절차와 시점을 고객에게 알려주고 끝까지 마무리하라

우리가 문제를 어떻게 처리하려 하는지, 우리에게서 언제쯤 답변을 들을 수 있는지 즉각 고객에게 알려라.

변화는 지속될까?

이 책도 어느덧 끝부분에 이르렀다. 독자들 모두 훌륭한 사업과 멋진 인생을 창조해나갈 만큼 많은 아이디어와 영감을 얻었으면 하는 바람이다. 하지만 아직도 꿈꿔왔던 인생을 만들어갈 수 있을까 끈질긴 의문에 시달리는 이들도 있을 것이다.

우리 모두 과거의 어느 시점에선가 변화를 이뤄냈지만 오래 지속되지가 않았다. 시작할 때는 가장 훌륭한 의도였지만 어느 순간부터인가 열의를 잃어 과거로 회귀하곤 했다.

열의란 영원히 지속되지 않는다는 점을 깨달아야 하는지도 모른다. 그렇기로 따지면 샤워도 마찬가지다. 아침마다 우리는 샤워를 하며 요란한 물소리와 함께 깨끗해진다. 하지만 하루가 끝날 무렵이 되면 다시 샤워를 해야 하며 그 다음날이 되면 또다시 샤워를 해야 한다.

아침에 일어나 "또 샤워하라는 말은 하지 말라"고 생각하지 않는다. 샤워는 그저 일상생활의 한 부분이 돼버렸다. 날마다 샤워를 하는 것처럼 정기적으로 스스로에게 동기부여를 시키는 습관을 들여야 한다.

늘 새로운 목표를 세우고 정기적으로 이를 들여다봐야 한다. 활력 넘치는 사람들에 둘러싸여 책을 읽고 세미나도 참석하며 살아가라. 날마다 향상될 결심을 하고 실제로 그렇게 했을 때 스스로에게 상을 주라. 규칙적인 운동과 건강한 음식도 반드시 필요하다.

인생을 변화시키겠다고 결심했어도 초기에는 무기력을 극복하기가 쉽지 않을 것이다. 하지만 일단 시작하고 나면 곧 사소한 향상이 나타나기 시작할 테고 그럼 밀어붙이기는 한결 나아진다. 어떻게 하면 최소의 노력으로 최대의 결과물을 산출해내는지 알게 돼 그 과정을 한결 더 즐기게 된다.

내 경험과 타인의 성공사례에 비춰보면 지속되는 변화는 가능하다. 만약 변화가 중대하고 충분히 빠르며 기분 좋은 것이라면 우리는 새로운 사람이 될 것이다. 관건은 얼마나 열의가 충분한가 하는 점이다.

열중하고 있다면 사소한 불편일 뿐

인생에는 늘 도전, 난관, 후퇴 등이 있게 마련이다. 일이 늘 자기가 원하는 대로 풀리지는 않는다. 어떤 이들에게는 이런 후퇴가 목표를 향해 손을 뻗는 것조차 멈추게 하는 재난일지도 모른다. 하지만 또 다른 이들에겐 그저 작은 불편일 뿐이다. 어느 쪽이든 모든 것이 마음먹기에 달렸다.

위대한 기업을 목표로 나아가는 하루하루의 여정에선 움푹 파인 곳도 나타나고 돌아가야 할 표석도 생겨나게 마련이다. 이 모든 것이 과정의 일부이다. 하지만 몰두하고 있다면 그런 것들을 벗어나 자신의 목표로 향해 나아갈 방법을 찾을 수 있다. 얼마간의 시간이 지나고 나면 그런 불편사항들을 알아채지도 못한다.

문은 열려 있다

성공을 이뤄내는 일은 얼마간 공항 문 안으로 미끄러져 들어가는 것과 비슷한 측면이 있다. 잠긴 문 앞으로 다가갈 때 처음엔 아무 일도 일어나지 않는다. 몇 발자국 더 걸어가도 문은 여전히 닫혀 있다. 그러다 마지막 순간까지 접근하면 그제야 문이 끼익 소리를 내며 열리고 우리는 제 갈 길로 가게 된다.

성공의 문을 열어젖히기 위해서는 그 앞으로 계속 나아가야 한다. 문이 열리지 않을 것처럼 보일 때라도 말이다. 달성하고 싶은 목표가 무엇인지 분명히 알아야 한다. 이 방향으로 계속 간다면, 자신의 목표와 신념에 끝까지 충실할 수 있다면 문은 열리고야 말거라는 자신감과 믿음이 있어야 한다. 그리고 계속 나아가야만 한다.

독자들 가는 길에 행운이 함께하길.

비즈니스 바이블

초판 1쇄 인쇄 2005년 5월 10일
초판 1쇄 발행 2005년 5월 15일

지은이 존 맥그레이스
옮긴이 손정숙
펴낸이 김연홍

편 집 안현주 김혜영
디자인 성희찬
영 업 김은석 송갑호
관 리 박은미 이세형

펴낸곳 아라크네
출판등록 1999년 10월 12일 제2-2945호
주소 121-816 서울시 마포구 동교동 148-7
전화 02-334-3887 **팩스** 02-334-2068
홈페이지 www.arachne.co.kr **이메일** arachne@arachne.co.kr

값 12,000원

ISBN 89-89903-62-9 03320

잘못된 책은 바꾸어 드립니다.